学校における「わらべうた」教育の再創造

——理論と実践——

DVD付き

JN292499

小島律子
関西音楽教育実践学研究会 著

黎明書房

はじめに

二一世紀に入った今、なぜわらべうたなのか、と多くの人が疑問をもたれることだろう。今から五〇年ほど前、小泉文夫という歴史に名を残す音楽学者がわらべうたの調査をしたときも、学校の先生たちに「今どきの子どもたちはわらべうたなど歌っていませんよ」と言われたそうである。しかし遊ばせてみるとどんどんわらべうたが出てきたという（小泉文夫『子どもの遊びとうた』一九八六年、草思社、一〇頁）。今も電車通いの小学生が狭いスペースで声をひそめてお手合わせで遊んでいる姿をみかけたりする。何度も何度も飽きずに繰り返している。また、教室で授業者が《おせんべやけたかな》を見本でみせたら、「さあ、やろう」と誘うより前に、近くの子ども同士輪になって遊びだしたこともあった。わらべうたに向かえば、今の子どもも昔の子どもも同じである。わらべうたは子どもの間で昔より伝承されてきた、子どもたちの文化財なのである。

わらべうたで遊ぶ子どものエネルギーには圧倒されるものがある。それは学校では普段なかなか見ることができないものである。しかもそのエネルギーは放埒ではなく秩序をもって開放され、そこにリズムをもった美しい動きが展開される。それは身体と言葉と音楽が一体となった、大地の鼓動のようなリズムである。携帯やゲーム等デジタル化されたバーチャルな世界で過ごす時間の多くなった現代の子どもだからこそ、このような自然のリズムと共鳴するわらべうたの経験が必要ではないか。

おりしも、中央教育審議会は平成一八（二〇〇六）年に「青少年の意欲を高め、心と体の相伴った成長を促す方策について」の中間まとめを出している。ここでとくに問題としているのは、学習や労働の意欲の減退だけでなく、成長の糧となるさまざまな試行錯誤に取り組もうとする意欲そのものが減退しているということである。調査結果より、その原因として、一人遊びが大半を占めていることがあり、それに対し、仲間、特に異年齢集団とのコミュニケーションが必要だとしている。また、身体機能とともに知情意の統合的な発達が青少年の成長過程全体にわたって重要だとしている（三〜二六頁）。現代の子どもに必要なのは「やってみよう」という意欲、言い換えると、ものやひとと、かかわろうとするエネルギーである。わらべうたはこのようなエネルギーを喚起することができ、かつ芸術文化に発展していく文化の材であると捉えたのである。

そこで、わらべうたを文化の材とみる立場から、学校教育でわらべうた教育を展開できないかと考えた。わらべうたで遊ぶときのエネルギーを利用して、遊びを動機づけとして学習にもっていくのではなく、遊びとしてのわらべうたの活動自体を、人類の芸術文化につながる意味生成の活動として発展させることができないかと考えた。わらべうたを意味生成の活動に再構成するなら、それは幼児や小学校低学年児だけのものではなく、高学年、中学生、高校生、大学生へと継続的に発展するものになると考えたのである。それは単に教科内容の教授に留まる学習ではなく、全人教育を視野に入れた教科の学習になる。本書ではこの全容を描くことにした。

まず第1章で学校でのわらべうた教育の基づく理論を述べ、第2章ではその具体化された実践事例を示す。それらの実践事例はすべて実際に行ったものであり、付属のＤＶＤに実践の様子を、部分的ではあるが収めている。そして、第3章では、実践事例でみられた子どもの姿のもつ意味を第1章の理論とのつながりから示し、わらべうた教育の可能性を考察している。

子どもを取り巻く環境は大きく変化している。その中で人間存在の根幹にかかわる教育を学校で行っていく必要がある。本書が、子どもたちにとってわらべうたを取り戻す道を拓くことになれば幸いである。

二〇一〇年　夏

小島律子

※本書における「わらべうた」の定義

『新編音楽中辞典』（音楽之友社、第七刷）によると、「わらべうた（わらべ歌）」は以下のように定義されている。「子供の遊び歌。子供の日常生活である遊びのなかで創造、継承される音楽。（中略）遊びにともなうため、音楽や歌という意識が希薄であり、そのため、民族のもつ基本的な音楽感覚がストレートに歌う旋律のなかに表出されるので、各民族の音楽要素を知るための最良の音楽である。」

本書では、この定義をふまえ、「わらべうた」は、作者不詳で子どもの間で伝承されてきた遊び歌とする。したがって、子守唄や大人が子どものためにつくった明治期の唱歌や大正期の童謡は「わらべうた」に入れない。

さらに「わらべうた」とは、遊びをともなったものとしての音楽を意味するので、「わらべうた」の音楽のみを指す場合は「わらべうたの旋律」「わらべうたの歌」と言い、「わらべうた」の遊びを強調したい場合は「わらべうた遊び」と言う。また表記においては、「わらべ歌」「わらべ唄」等があるが、ここではとくに主張を示さない「わらべうた」を用いる。

目次

はじめに　1

第1章　二一世紀のわらべうた教育の理論……7

1　これまでのわらべうた教育の立場　8
2　二一世紀のわらべうた教育の立場　13
3　二一世紀のわらべうた教育の原理　17
4　二一世紀のわらべうた教育の方法　21
5　二一世紀のわらべうた教育の育む力　26
6　二一世紀のわらべうた教育の学校教育への位置づけ　30
7　二一世紀のわらべうた実践の視点　32

第2章　わらべうた実践の事例……41

人と人とをつなぐわらべうた

1 《らかんさん》幼稚園年長児の親子交流／矢部朋子　42
2 《いもむしごろごろ》小学一年生／小川由美　46
3 《大波小波》中学一年生／山本真弓　50
4 《さらわたし》通常学級における交流（小学三年生）／竹内悦子　54
5 《ひとやまこえて》幼小交流（小学六年生）／井上　薫　58
6 「わらべタイム」小学校異年齢児交流／清水美穂　63
7 《さらわたし》高齢者「子育て支援講座」（大学）／坂本暁美　70

子どもの創造性を育てるわらべうた

8 《あぶくたった》小学二年生／廣津友香　74
9 《たけのこめだした》小学三年生／松宮陽子　78
10 《らかんさん》小学三年生／小林佐知子　83
11 《なべなべそこぬけ》小学四年生／衛藤晶子　87
12 《一羽のからす》小学五年生／衛藤晶子　91

遊びから芸術・文化の学習へつなぐわらべうた

13《十五夜さんのもちつき》小学三年生／土師尚美 96
14《なべなべそこぬけ》小学三年生／西沢久実 100
15《大波小波》小学三年生／椿本恵子 105
16《はないちもんめ》小学六年生／楠井晴子 109
17《ちゃつぼ》中学一年生／横山真理 115
18《かごめかごめ》中学二年生／横山真理 121
19《もぐらどん》高校一年生／高田奈津子 127

第3章　わらべうた実践からみえてきた子どもの育つ姿……135

1　人と人とをつなぐわらべうた 136
2　子どもの創造性を育てるわらべうた 141
3　遊びから芸術・文化の学習へつなぐわらべうた 147

おわりに 154
DVD内容一覧 156

第1章

二一世紀のわらべうた教育の理論

1　これまでのわらべうた教育の立場

これまでに、わらべうたを学校での教育に導入することは考えられてこなかったのだろうか。音楽教育の領域でみると、世界的に影響を与えた人としてはカール・オルフやコダーイ・ゾルターンが挙げられる。日本においては戦後の民間教育運動である「わらべうた教育運動」が挙げられる。それぞれ、わらべうたにどのような意義を認めて学校教育に導入したのだろうか。

(1)　カール・オルフの立場

ドイツの作曲家カール・オルフ（Carl Orff 1895-1982）は、わらべうたから始まる音楽教育の方法を『子どものための音楽（Musik für Kinder I-V）』（一九五〇～一九五四）という教材集として形にした。その理念は「基礎的音楽（elementare musik）」と呼ばれる。「基礎的音楽」の本質は、音楽と言葉と動きが三位一体となっているところにある。そして、演奏する人と聴き手が分かれるものではなく、生活の場で仲間の一員として、即興的にアンサンブルに加わっていくような音楽である。

ここでわらべうたは二つの点より注目されている。一つは、オルフは言葉を音楽教育の出発点に置き、言葉のリズムや抑揚の延長にわらべうたがあると考えたことである。

「基礎的音楽」では、まず名前や物売りなどの言葉を唱える。言葉のリズムに抑揚が伴ってわらべうたになっていく。わらべうたに手足拍子でリズムパターンを即興的に付ける。リズムパターンや音形を模倣しまた変形し、問答などの形式に整えていく。このように、オルフの音楽教育は言葉から始まるのである。言葉はその地域で子どもが日常的に話している話し言葉でなければならない。そこにわらべうたを使う根拠がある。言葉から生まれたわらべうたの語法は自然発生的なものであり、それを素材とすれば子どもたちは言葉を拠りどころとして素材を自由自在に操ることができ、即興的表現が可能となると考えられたのである。

わらべうたから始まるこの教育は、短三度下降の二音から、五音音階、七音の音階、教会旋法へと進んでいく。そこに他のパートがさまざまな形で重なり器楽アンサンブルを複雑にしていく。この「基礎的音楽」を核とし、同心円的に、時代や地域を越えた幅広い音楽語法や音楽様式に拡大していくことが期待されている。

二つは、オルフは遊びの精神を音楽活動の基とみなし、わらべうたはまさに遊びの精神の表れであると考えたことである。

オルフの「子どものための音楽」のデモンストレーション映像では、子どもがわらべうたに興じている姿が冒頭に出てくる[1]。子どもがわらべうたで遊ぶとき、言葉を唱え、動きをつけて遊ぶ。その姿にオルフは、子どもにとっての音楽は音楽だけで存在するものではなく、言葉と動きと音楽が有機的に関連したものだと考えた。そして、その遊びの精神をそのままに音楽活動をしていくという方法論を提案したのである。

つまり、オルフはわらべうたを単にリズムや旋律の学習の有効な教材としてみただけでなく、遊びの精神を音楽活動の原点としてみた。子どもはやり方がわかったら、どのようにでも変えていろいろやってみる。その遊びの精神に子どもの創造性をみた。オルフは「基礎的音楽」における要素や語法を「元素」として捉え、即興的な創作により、子ども自身がそれらを組み合わせ、拡大し、大きな宇宙に展開していく音楽教育を描いたのである。

(2) コダーイ・ゾルターンの立場

ハンガリーの作曲家コダーイ・ゾルターン（Kodály Zoltán 1882-1967）も、音楽教育の出発点をわらべうたにおいた。オルフと大きく異なるのは、そこに、歴史的状況からくる民族の文化的独立、文化の伝承という民族の悲願があったことである[2]。文化の伝承には言葉が大きな鍵を握る。言葉の抑揚と音楽がわらべうたにおいては完璧に一体をなしている。コダーイは、わらべうたが自国の伝統的な音楽に固有な特性を明瞭に示している点に着目した[3]。そこで、ハンガリーの音楽文化を復興するために、わらべうたを材料にして音楽の読み書きの能力を育てる教材集を編んだのである。

したがって、コダーイがわらべうたに着目したのは、わらべうたが民族の音楽伝統の基であり、音楽の母語といえる存在だと考えたからである。国民的な文化創造には母語を自由に使いこなす能力を育てる必要があるということから、すべての人々が音楽の読み書きができるようにと読譜教育を重視した。

読譜教育では、ハンガリー語の抑揚を反映している自国のわらべうたや民謡が使われる。コダーイはハンガリーのわらべうたや民謡を収集し、それらのリズムや旋律法を抽出して系統的なソルフェージュ教材集を出版した。そこでのソルフェージュは個人の訓練ではなく、集団で合唱アンサンブルの形態をとる。「うたうことは子どもの本能的な言語である[4]」と考えられ、歌うことがすべての音楽活動の核となるとされた。単旋律からカノン、二部歌唱へと導入していく道筋に、徐々に諸外国の民謡や古典芸術作品も取り入れられ、音楽の世界を広げていく教材集になっている。その行き先はコダーイが「普遍音楽」とする西洋の古典的芸術音楽である。わらべうたや民謡の音楽的養分で育った子どもは、のちに楽々と芸術音楽の古典的文化財に導いていけると考えられた[5]。

ここではわらべうたに伴う遊びは主に保育園や幼稚園での音楽教育で重要視される。幼稚園では毎日一〇分程度のわらべうた遊びが行われる。音楽の課業では、そこで遊んだわらべうたを使って「正しい音程と発音で歌うこと、拍やリズム、音の高低の認知、テンポの速い遅いや歌の構造の認知、即興的表現、保母の歌う民謡の鑑賞などが行われる[6]」。遊んだわらべうたを教材として、音楽の諸要素の学習や読み書き指導を行うのである。遊びの意義はあくまでも音楽の諸要素の学習の範囲内で捉えられているといえよう。

(3) 日本の「わらべうた教育運動」の立場

「わらべうた教育運動」は、戦後一九五六年から一九七〇年代まで、日教組教研集会やそれにかかわる「音楽教育の会」を中心に展開された。当初は、学校の授業では歌わない子どもも「わらべうたならどの子もまったく違った声で生き生きと歌う[7]」という姿が報告され、子どもの生活の歌としてのわらべうたが注目された。そこには、昭和二二年の学習指導要領試案による子ども不在の、技術偏重の音楽授業に対する不満があった[8]。つまり、当初は官による音楽教育に対する民の音楽教育としてわらべうたが登場してきたとみることができる。

しかし、すぐに、わらべうたの音楽構造のシンプルさが読譜能力を系統的に育てるのに有効であることに注目が集まり、わらべうたを使ったソルフェージュ教育へと変身していった。遊びとしてのわらべうたを学校へ持ち込んだが何とか学習の形にしなければと考え、結局、官の音楽教育における方法論の提案という形になったのである。

そこで期待された学力は音楽の読譜能力であった。そのために、わらべうたから音楽的法則性を抽出して系統的な教材づくりが行われた。具体的には、リズム模倣、二音による問答などである。そして一九六三年の日教組の大会では「二本立て方式[9]」が提案された。それは、従来の歌唱とわらべうたを材料とした「わらべうた音組成によるソルフェージュ」の両者を二本立てで行っていくやり方である。

わらべうたを材料とするソルフェージュ教育という点ではコダーイに通じるところがあるが、日本では民族の文化の伝承という視点はほとんどなく、わらべうたの音楽的法則性の理解を、即、全く構造の異なる西洋近代の機能和声の音楽の理解につなげることが求められた。

そして、この運動は一九七〇年以降から急激に衰退した。その原因はさまざまに考えられるだろうが、根本のところ、わらべうたをそれが存在していた文脈から切り離して扱ったことにあると考えられる。わらべうたは本来遊びにともなう歌であり、歌だけで歌われることはほとんどない。しかし「わらべうた教育運動」ではわらべうたを読譜練習の教材とし、遊びとしてのわらべうたという視点を外してしまった(10)。

ただ日本のこの「わらべうた教育運動」の広がりには、当時来日したコダーイやオルフが影響を及ぼした面も大きかった。そして「二本立て方式」以外にも、わらべうたを合唱曲に編曲して歌わせるという活動(11)や、「ブロック方式」といってわらべうたの語法を組み合わせた声や楽器のアンサンブルの活動が行われた(12)。また他方では、わらべうたを学校教育に導入することに、音楽教育の質が低下するとして反対を唱える立場も優勢で、当時の雑誌では大論争が繰り広げられた(13)。

(4) 過去から学ぶもの

以上を整理すると、オルフはわらべうたを、自然を基盤とする遊びの教育力をもつものと位置づけ、子どもの生命力を覚醒する普遍的な「原音楽」として捉えた。そして、即興表現を重視することで遊びの本質を保ち、わらべうたの「原音楽」としての音楽的特性を子どもの創造性の育成に有効なものとみた。

コダーイは、わらべうたを民族の文化伝承の土台をつくるものと位置づけた。そしてわらべうたの特に言葉に着目し、母語に由来するわらべうたの音楽的特性が音楽の読み書き能力の育成に欠かせない材料になるとした。

日本の「わらべうた教育運動」は、生命力喚起の意義とソルフェージュ教材としての意義の両立を図ろうとしたが、わらべうたを楽曲としてみたことで前者の意義を捨てることとなった。そして、西洋音楽の読譜能力の訓練に陥り、発展性を失くして衰退した。

このようにわらべうたが注目された背景には、世界大戦後の復興期における再建意欲があったと考えられる。戦後の荒廃から新しい文化や教育を創造していこうとする社会的機運の中で、国をこれから背負っていく子どもたちに視線が向けられた。それで子どもの土着の文化であるわらべうたが教育場面へ登場することになったのではないだろうか。しかしいったん教育場面に取り入れられると、わらべうたは音楽の読み書きや語法を習得するための教材としての面に脚光が当たりがちであったといえよう。

しかし、わらべうたを教材としてみてしまうと、遊びとして存在しているわらべうたから音楽の部分を取り出し、旋律やリズム、形式等の構成要素に意味を持つ「楽曲」として扱うことになる。そこではわらべうたはただの単純な歌であり、音楽教育の導入段階にしか関与できなくなる。他方で、オルフは遊びとしてのアプローチが可能なことを示した。わらべうたは本来遊びに伴う歌である。「遊ぶ」という本来的な文脈においてわらべうたを扱うことで、子どもの生命力喚起という、音楽教育を越えた広がりある人間形成の可能性がみえてくるのではないか。また、コダーイが注目したように、わらべうたは音楽の母語である。子どもを真の表現者として育てるには、音楽教育の出発を自国の音楽で行うことを考えなければならない。二一世紀の現在、子どもを取り巻く環境は変化している。わらべうたを遊びとして捉える立場に立って子どもを表現者として育てるわらべうた教育を構築することが、今、求められている。

2　二一世紀のわらべうた教育の立場

過去のわらべうた教育の検証を通して、二一世紀のわらべうた教育が考慮すべき二つの視点が導かれた。一つは、わらべうたをそれが創造され伝承されてきた文脈を保って扱う、すなわち遊びの精神を保って扱うという視点である。二つは、音楽の母語としてのわらべうたで子どもを表現者として育てるという視点である。私たちはこの二つの視点の交わるところに、二一世紀のわらべうた教育の基本的な立場を据えたいと思う。

(1) わらべうたは遊びである

わらべうたが「楽曲」ではなく「遊び」であるということは、幼児教育の分野では普通に受け入れられてきた。そしてその遊びとしての多面的な教育力は理論的、実践的にこれまで指摘されてきている。

身体的発達からは、位置関係や方向感覚を養い、敏捷性などの運動機能を育てる。知的発達からは、数量の認識や、年中行事や季節、動物、植物、地域の歴史や自然の認識を育てる。言語的発達からは、母語の語感、語彙、発音等を育てる。情緒的発達からは、回る、巡るといった人間の基本的な動きが快感や安定感を起こし、感情や情緒を育てる。美的発達からは、言葉の抑揚と旋律の一致、シンプルな音組成や形式から美的感受性を養う。倫理・社会的発達からは、わらべうたは自然なスキンシップを含む集団遊びであることから、公正、正義、協同、いたわりの気持ちを育て、社会のルールや人間関係の重要さを感じ取らせる等が指摘されている。

幼児教育においては、わらべうたではこのように知情意にわたる多面的な発達が統一的にもたらされ、そこで子どもが自己認識と他者認識を育てるところに意義があるとされている[(1)]。

しかし幼児教育の範囲を越えて、学校教育におけるわらべうたの教育的意義を考えた場合、わらべうたが「遊び」であることの意義をどこに求めたらよいのだろうか。その鍵は「遊び」をどう捉えるかにあると考えられる。本書では、「遊び」をデューイ（John Dewey 1859-1952）に依拠して捉えたい。なぜならデューイは「遊び」を作業、学習へと発展していくものと捉えているからである。学校教育にわらべうたを位置づけることを目的とする本書にとって、遊びから学習への連続性が重要になってくる。そこで、デューイの「遊び」の考え方を探ってみたい。

デューイは「遊び」を外に見える活動の形態ではなく、子どもの内的なかかわり方として定義する。電車ごっこやままごとをしていたら遊んでいると見なすのではない。子どもがものとかかわるときの意識の持ち方が、その子が遊んでいるかどうかを決めるのである。

その意識の持ち方をデューイはつぎのように言う。「遊戯（play）は子どもが自分自身のイメージと興味とを満足のいくようなかたちで具体化するさいに、自分の能力、思考力、身体的運動のいっさいを自由にはたらかせ、相互にはたらかせることである[(2)]」と。遊びは、子どもの内的なイメージや興味を外側に表す活動である。しかも体と頭を使って自分の能力すべてを相互作用させて表すのである。ここでは、遊びは、思考、イメージ、興味、身体的運動すべてを統一した全体的経験、つまり身体と知情意の統合的活動として述べられている。この内的な統一性のことをデューイは、遊びの精神、遊びの態度（playfulness）と言う。それが遊びの楽しさにつながるのである。

では、人間にとってなぜ遊ぶことが大事なのか。

ひとは、周囲のものやひととかかわり相互作用をしながら育っていくものであるが、そのものやひとへのかかわりを起動するのが興味である。デューイは興味の基に衝動性を置く。ひとは生まれ出ると、生命維持の衝動性によって外のものに手を伸ばし、自分の内と外につながりをつける。それが興味（interest）である。手を伸ばすとは身体を動かすことである。そしてこの衝動性を社会の中でうまく実現したのが遊びなのである。遊びは興味に沿って身体を使ってエネルギーを溢出させることであり、そこに自己表現を行う[(3)]。

その意味でわらべうたは「遊び」といえよう。わらべうたは身体的運動と言葉と音楽が有機的に関連して、内的統一をもって衝動性を表現していく活動である。そこで動きと言葉と音楽という三つの表現媒体を結び付けているのがリズムである。リズムは自然のリズムであり、人間存在の基底にあるリズム言い換えると生命のリズムということができよう。この、運動、言葉、音楽が一つに統合されてリズムを体現している点が、他の遊びと違うわらべうたの特性とみることができる。生命のリズムを実感しやすい遊びといえる。ここにわらべうたで遊ぶことが子どもの生命力を喚起すると主張することの根拠を見出すことができる。

自然との直接経験が失われ、生命のリズムを感じる機会の少なくなった二一世紀の子どもにとって、わらべうた教育は、子どもの衝動性を社会の中でうまく実現させることによって、生命のリズムを覚醒させるものになりうる。したがって、二一世紀のわらべうた教育は、子どもの生命力喚起のために、わらべうたを「楽曲」ではなく「遊び」として捉える立場をまず貫かねばならない。

(2) わらべうたは文化である

わらべうたは遊びであると同時に子どもの文化である。文化についてタイラーは「社会の一員としての人の得る能力と習慣とを含む複雑な全体である[(4)]」と広く定義している。そして、社会的な交わりの中で人々が以前の経験の中から沈殿してきた意味を体現したもの[(5)]が文化財となる。作者不詳で子どもたちの間で伝承されてきたわらべうたは、子どもが生活経験において蓄積してきた意味の表現であり、子どもの文化財といえる。

国内、国外のわらべうたの収集を行い音楽学の立場から調査を行った小泉文夫は、調査の結果、わらべうたには「もっとも基本的な日本音楽の特徴が、音階にしてもリズムにしても、よりはっきり捉えられる[(6)]」ことを発見し、民謡やわらべうたが伝統的な音楽の源であることを実証した。わらべうたは、日本の伝統音楽につながっていく萌芽をもつ存在とみることができる。そして、小泉は「いざ、自分達だけで遊んだり何か新しい歌を創るときには、伝統的な古い音階やリズムで自分を表現することが多いのです。（中略）私たちは、この無意識で根強い伝統的な力を、むしろ教育の出発点として利用すべきです[7]」と、コダーイが主張したように、音楽教育を自国のわらべうたで出発させることを主張した。わらべうたの方法や技法なら、子どもは自分の語りたいものを語れる、そして自分の語りたいものを語れることに意義を見出したのである。

わらべうたを遊びとして捉え、遊びの中で経験しているわらべうたの、文化財としての意味を見出していくような教育を行うなら、子どもは自らを表現者として育てていくことができるのではないかと考えられる。

さらには、このようなわらべうたの学校教育への導入は、これまでの学校教育システムに一石を投じるものとなる。遊びとしてのわらべうたを学校へ導入することは、遊びと学習を分け、近代西洋の文化を教え授けてきた近代学校の「教授―学習」システムの変革を促すものとして期待できる。

3　二一世紀のわらべうた教育の原理

わらべうたが子どもの生命力を喚起するものとなるには、わらべうたをそれが創造され伝承されてきた文脈を保って扱うことが鍵になるということを述べた。つまり、それはわらべうた生成の文脈である。ここでは、わらべうたはどのような構造の上に生成されるのかを明らかにしたい。

(1)　自然と生活

まず、わらべうた遊びをする子どもは、生活する子どもである。生活の中で為すことがあり、見聞きすることがあり、その中で考えることがあり、想像することがある。また同時に嬉しがったり悲しがったり、さまざまな感情を経験する。わらべうたは、このような日常の経験の、感覚、想像、感情といった学校では排除されがちな要素を含み込んでいる。わらべうたに歌われている内容は子どもの全一的な生活といえよう。

子どもの生活は、このように、考え、感じ、想像するといった個（自我）の生活であるが、それは地域としての社会と相互作用し更新されていく。他者とのコミュニケーションにより、生活は個人と社会の両者が統合されて存在する。この意味において生活は、有機体と環境との連続的な相互作用により自己を更新していく、デューイの「経験」であるといえる。

そして、子どもの生活を取り囲むものとして自然がある。太陽が昇り、明るくなって起床する。生活のリズムは自然の脈動ともいえるリズムによってつくられる。風はいつも同じ状態ではない。台風の襲来とともにだんだん激しくなり、吹き荒れ、子どもは布団をかぶり恐怖におののく。台風一過ですっきりとした青空が広がり、安堵する。自然の脅威を実感するのもリズムの中である。道端に若芽を見つけ春を予感する。植物や動物の成長のリズムに自分の感情を共鳴させる。子どもはこのような自然のリズムに共鳴しながら生活し、自己を確認していくのである。

デューイは、この自然のリズムが人間と自然とを結び付けるというのである。ここでいう「リズム」とは、狭く音楽のリズムを指すのではなく、「変化の秩序ある変動」を指す。大きな単位では、潮の干満、月の満欠の周期、血液の流れの中の脈拍などが挙げられる。季節の移り変りには、種子から草木、草木から種子という循環のリズムが結び付けられる。また、さざ波の立つ池、分岐する稲妻、風にゆらぐ枝、鳥のはばたき、がく片や花弁の輪生体、牧場の上の雲の移ろう影なども自然のリズムとされる(1)。

他方、有機体の生命過程もリズムをもつ。生命の活動は、経験において有機体と環境との間に生じる調和の喪失とその回復のリズムである。これは生命の活動の本質である。したがって自然と経験と結びつけるものが「リズム」になる。

そしてデューイは、この自然のリズムに人間が参与することで芸術や科学が生まれると考える。自然の変化の秩序の再生産が芸術で、その秩序の認識が科学になるとする[2]。

(2) 自然と生活が生み出すリズムを表現する媒体としての言葉・動き・音楽

わらべうたにおいては、生活する子どもが自然のリズムに参与するために、「言葉」と「身体の動き」と「音楽」を使う。言葉をしゃべると自然とリズムがでてくる。それに身体の動きをつけるとリズムが等拍に整えられてくる。リズムにのって言葉を唱えると抑揚がついて旋律になってくる。動きではリズムだけでなく言葉の意味を表現するジェスチュアも使われる。たとえば《お寺のおしょうさん》では、「お寺のおしょうさんがかぼちゃの種を蒔きました」と、最初は言葉の抑揚で歌いながら等拍にのってお手合わせをする。「芽が出てふくらんで」からは手でジェスチュアをしていき「花がさいたらジャンケンポン」でジャンケン勝負をする。ここでは言葉と動きと音楽が使われている。

このわらべうたには、言葉のリズムからくる、脈のような等拍のリズムが通低している。そこに言葉と動きと音楽の間の相乗作用によって、言葉と動きと音楽の関係がつぎつぎと展開していく。言葉は動きを付けることでよりリズムや抑揚が明瞭になり、動きは言葉を伴うことでよりリズミカルになり意味をもってくる。拍に秩序付けられた言葉のリズムや抑揚は動きによってより強調され旋律になっていく。

そして、等拍のリズムの上に、生活で経験した、芽が出て花が咲く植物の循環のリズムが表現される。遊びの構成についても、前半の単調なお手合わせに対して、後半は動きをジェスチュアに変えてジャンケンに行き着くまでの高揚感を高めていくようになっている。ここには平穏な前半、劇的な後半という対比感が生み出すリズムが表現されている。わらべうたでは、言葉と動きと音楽がリズムを核として結びつき一体となって自然のリズムに参与するのである。

(3) わらべうたの生命力

以上述べてきたわらべうた生成の構造を図にすると図1のようになる。子どもには自然に取り巻かれた生活があり、生活とは社会とのコミュニケーションにより自己を更新していく過程である。そこで自然と生活を結ぶものとしてリズムが存在し、そのリズムを言葉、動き、音楽を媒体として表現していくのがわらべうたであり、そこにわらべうたの生命力が生じていると考えられる。

子どもの生命力を喚起する二一世紀のわらべうた教育の原理は、このわらべうたの生成の構造から導き出される。すなわち、①自然、②生活＝経験、③芸術的表現の三層が一体となった構造をもつものとしてわらべうたを扱うということである。

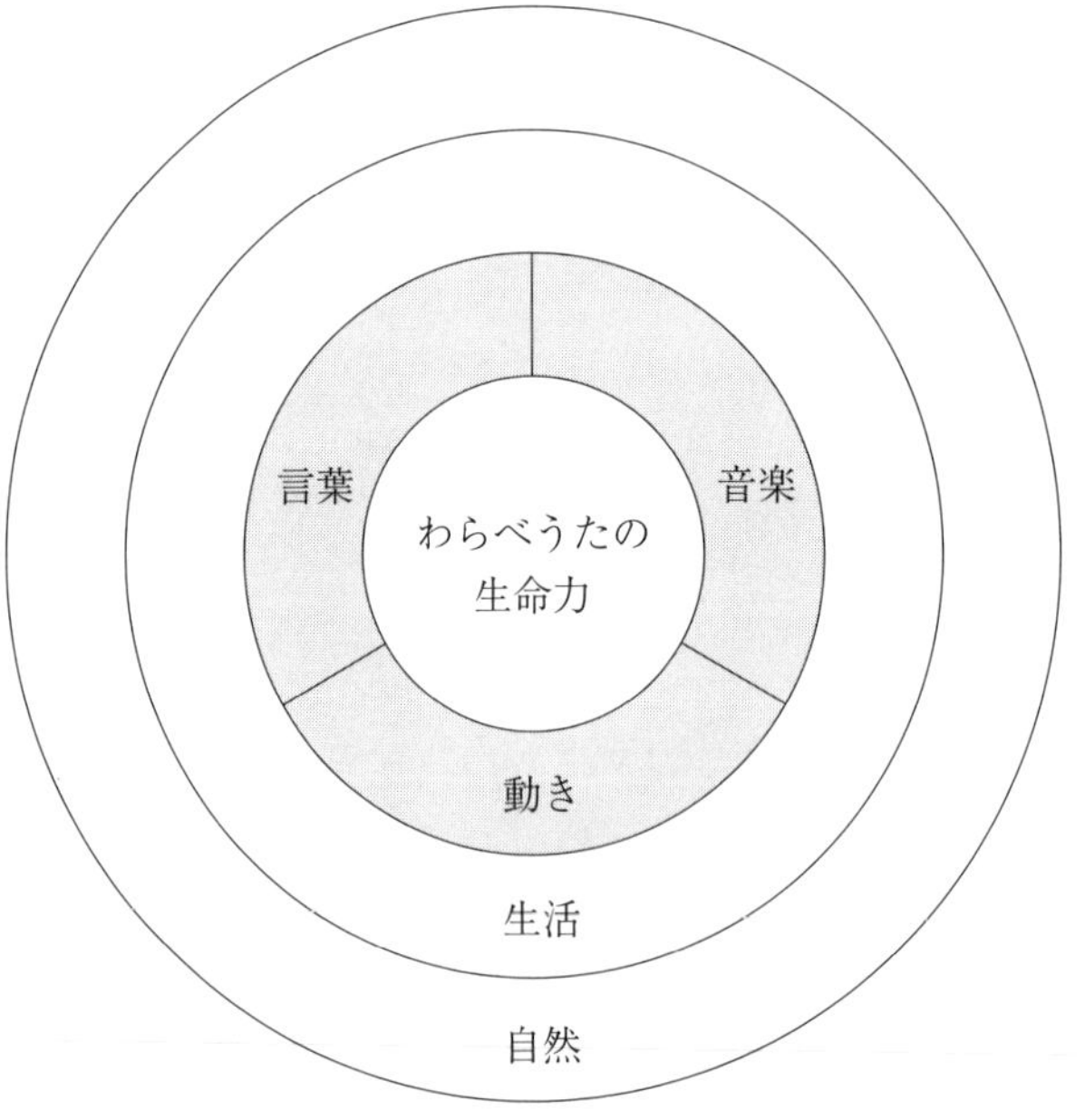

図1　わらべうた生成の構造図

4　二一世紀のわらべうた教育の方法

日本ではこれまでわらべうたを学校へ導入するとき、音楽科ではどのような方法がとられてきたのだろうか。まずは歌唱や器楽の教材曲として扱われることが多かった。簡単な単旋律から、交互唱、掛け声、合いの手、オスティナート、カノン、ユニゾンから四度の対旋律等で編曲されたものまで教材とされた。あるいは、わらべうたの音楽語法（リズムや旋律の慣用的なパターン）を取り出して教材曲をつくり、音楽的な基礎能力を育てるためのソルフェージュ（楽譜の読み書きと要素に対する感覚訓練）を行うという方法もみられた。いずれも、西洋の音楽の学習につながるように期待されていた(1)。

このように、これまでわらべうたは、学校教育に入ると「遊び」としてではなく「楽曲」として捉えられてきたといえる。しかし、二一世紀のわらべうた教育では、「遊び」としてのわらべうたを学校での「学習」として発展させたい。そのためにどのような方法をとったらよいのだろうか。

(1)「構成活動」という教育方法

その鍵として注目したいのが「構成活動」である。「遊び」としてのわらべうたを「構成活動」として捉え直すことで、「遊び」から「学習」への連続的転換が図れると考える。

というのは、「構成活動」はデューイの「オキュペーション」概念を原理としており、「オキュペーション」とは「遊び」を「作業」すなわち「学習」へと連続性を保って転換していく活動といえるからである(2)。

「オキュペーション」とは、もともと料理や木工など社会で営まれる作業をなぞった子どもの活動を言う(3)。

デューイはそこでの子どもの内的な働きに着目した。ものをつくる過程を通して、材料を観察し、計画を立て、反省するという知性が働き、そこに衝動・興味やイメージや考えが表現される。デューイによれば「遊び」も一種の「オキュペーション」である。「遊び」も、子どもの内側にある衝動・興味やイメージや考えを、身体を使って外側に表現する行為である。ただ「遊び」では行為の目的と手段とが区別ができないほど接近している。そこに、目的をちょっと遠くに置くと「作業」になるというのである。「作業」では、目的を達するために、自分の行為がどう作用するか絶えず注意を払って手段を選択し、つぎの行為を決定していかねばならなくなる。知性がより働く必要がでてくるのである。

たとえば砂浜で穴を掘るのに没頭している子どもがいる。身体からエネルギーを放出して砂という素材を操作している。そこには、もっと掘ると何かでてくるかなと予想したり、掘る動きのリズムに共鳴したり、興味やイメージや考えや感情などの内的な働きが起こっている。これは「遊び」である。しかしそこにトンネルをつくろうという目的ができると、砂を崩さないようにして向こう側まで穴を貫通させるようにいろいろ考えるようになる。つまり目的と手段との関係を意識するようになる。その過程で子どもは砂のさまざまな性質を、実感を伴って知っていく。それが「遊び」が「作業」になる、すなわち「学習」になるということといえよう。

「構成活動」とは、このように「遊び」の目的を延長させ、意識化させて「作業」にしていく教育方法といえる。砂でトンネルをつくるというのも「構成活動」になる。つまり、「構成活動」とは、衝動・興味を起点に、何かを形づくるという目的をもって子どもが外側の素材を構成することで、内側の衝動や感覚やイメージや思考等を再構成する教育方法であるといえる。さらに、トンネルをつくるという目的は社会的に理解され共有されるものであり、したがって、そこに子ども同士がかかわりを持つことが可能となる。「構成活動」は社会的な状況において展開されるものである。

(2)「構成活動」としてのわらべうた

では、わらべうたは「構成活動」といえるのだろうか。

「構成活動」の要件は、①衝動・興味を起点とする、②身体諸器官を働かせて素材を操作する、③内的世界と素材との連続的な相互作用がある、④外的世界に成果を形づくる、⑤社会的状況において行われる、といったものである[4]。

わらべうたの歌詞は、自然万物に呼びかけたり鬼と問答をしたりと会話の本能がみられる。隊形も輪になって回ったり集中離散を反復したりと構成の本能がみられる。歌詞や遊び方を固定化せずに自在に変えていくという探究の本能、さらには演技や言葉の抑揚によって生活経験のイメージを表現するといった表現の本能がみられる。つまり本能や衝動に基づいたものといえる。

わらべうたではもちろん身体を使う。言葉のリズムに合わせて歩いたりお手合わせをしたりする。そこでは身体の動き、言葉、音楽が外的な素材として使われる。そして、素材との相互作用はつぎつぎと連続される。わらべうたでは最後にジャンケンや鬼遊びなどクライマックスがくる場合が多いが、そこに行きつくまでに替え歌を挿入したり動きを変えたりして生活経験を表現していく。わらべうたは、言葉・動き・音楽の相互関連が生みだすリズムに組織されたパフォーマンスなのである。それは、素材との連続的な相互作用の外面的成果といえる。

このようなわらべうたの多くは社会的状況で行われる。仲間社会に共有された言葉・動き・音楽から成る材料を使って、反復や対照などの共有された手法を使って集団で行われる。

このように、わらべうたは「構成活動」であるといえる。そしてさらに、木工や料理や壁新聞づくりといった他の「構成活動」にはみられない、つぎのような特性をもつ。

ア　目的と手段との距離が短く、内的なイメージや観念を直接的に外部に具現化する点、つまり遊び的態度が強調されている点。
イ　内的なイメージや観念を具現化するための素材として言葉・動き・音楽を三位一体として扱う点、つまり表現活動としての芸術的性格を持つ点。
ウ　言葉・動き・音楽の三位一体が生み出すリズムにより、仲間と身体的同調を行う点、つまり身体的コミュニケーションを行う点。

つまり、わらべうたは芸術的な「構成活動」になる。

(3)「遊び」から「学習」へ

「遊び」であり「構成活動」であるわらべうたが「作業」＝「学習」である「構成活動」になるためには、目的と手段との関係を間接的にすることであった。それは、わらべうたを形づくっている材料や過程との交互作用を通して出てきた欲求を、行為の目的として意識化することである。たとえば替歌をつくろう、わらべうたのリズムパターンを生かして合奏してみようというような目的が考えられる。何かを構成するという目的をもつことで、目的に対する手段を探究する「作業」が始まる。それが「遊び」から「作業」＝「学習」になるということである。

では「学習」になったとき、学ぶ内容は何になるだろう。わらべうたを形づくっている材料や過程は、言葉、動き、音楽という素材からできている。言葉、動き、音楽の使われ方には、その時代、その地域の子どもたちに共有されたものだけが生き残って伝えられている。生き残った材料や過程が、わらべうたの言語様式や身体様式や音楽様式というものをつくっているといえる。わらべうたは子どもが材を選び、子どもが創造した子ども文化なのである。そして、そこには、日本に創造・継承されてきた芸術文化の特質の萌芽が意味として反映されている。したがって、わらべうたは日本の文化の材として捉えることができ、学校教育において日本の伝統的な芸術文化にかかわりを持ち交渉するための教材として捉えることができる。

しかし、「遊び」が「作業」に転換しても、わらべうたの言葉・動き・音楽の三位一体が生み出すリズムは、衝動性に秩序ある放出の道を与えて遊び的態度を保証する。そして、言葉・動き・音楽の三位一体が生み出すリズムに、子どもたちは身体を動かして即座に同調することができ、身体的同調による共同性がもたらされる。このことが人間形成に貢献する側面を見落とすことはできない。

(4) わらべうた教育の方法

以上を教育方法の観点より整理すると、方法として考慮すべき、①音楽的な真正性、②創造性、③社会性という三つの視点が挙げられる。

第一の音楽的な真正性である。「遊び」であるわらべうたが「学習」に変化するには、目的を遠くに置くことであった。「学習」では、目的と手段の関係に意味を生成し表現していくことになる。それが教科の学習になるということである。わらべうたの素材は言葉、動き、音楽である。人類は、同じ言葉、動き、音楽という素材を媒体として芸術文化を生み出してきた。したがってわらべうたで生成される意味は、芸術文化につながるものになる。音楽的な真正性とは、わらべうたの素材の性質と過程に即することで保証される。わらべうたの素材の性質と過程は、日本の伝統音楽の源になるものである。したがって、伝統音楽につながる素材の特性を生かすことが重要である。それを無視し西洋音楽を教える手段として利用すると、その真正性は失われる。

第二の創造性である。わらべうたは、楽譜の通りに歌わなければならないものではない。わらべうたはそもそも楽譜によって作曲され伝えられてきたものではない。口伝えで伝承されてきたのである。自分たちの生活状況や生活感情を反映してつくりかえられてきた、子どもの生活経験を基盤とする「構成活動」である。したがって、わらべうたを、こう歌うべきと固定化して扱ってはいけない。

第三の社会性である。わらべうたは一人遊びもあるが、多くは人とかかわって、ルールを決めて、小社会において遊ぶものなので、社会的構成主義に基づく学習状況をつくる。そこでは言語を通したコミュニケーションだけでなく、身体的コミュニケーションがなされることに価値をおくことが必要となる。

これらの三つの視点の重なり合うところに、生命力を保ったわらべうた教育が実現されると考えられる（図2参照）。

5 二一世紀のわらべうた教育の育む力

では、わらべうたを学校へ持ち込むことで、子どもにどの

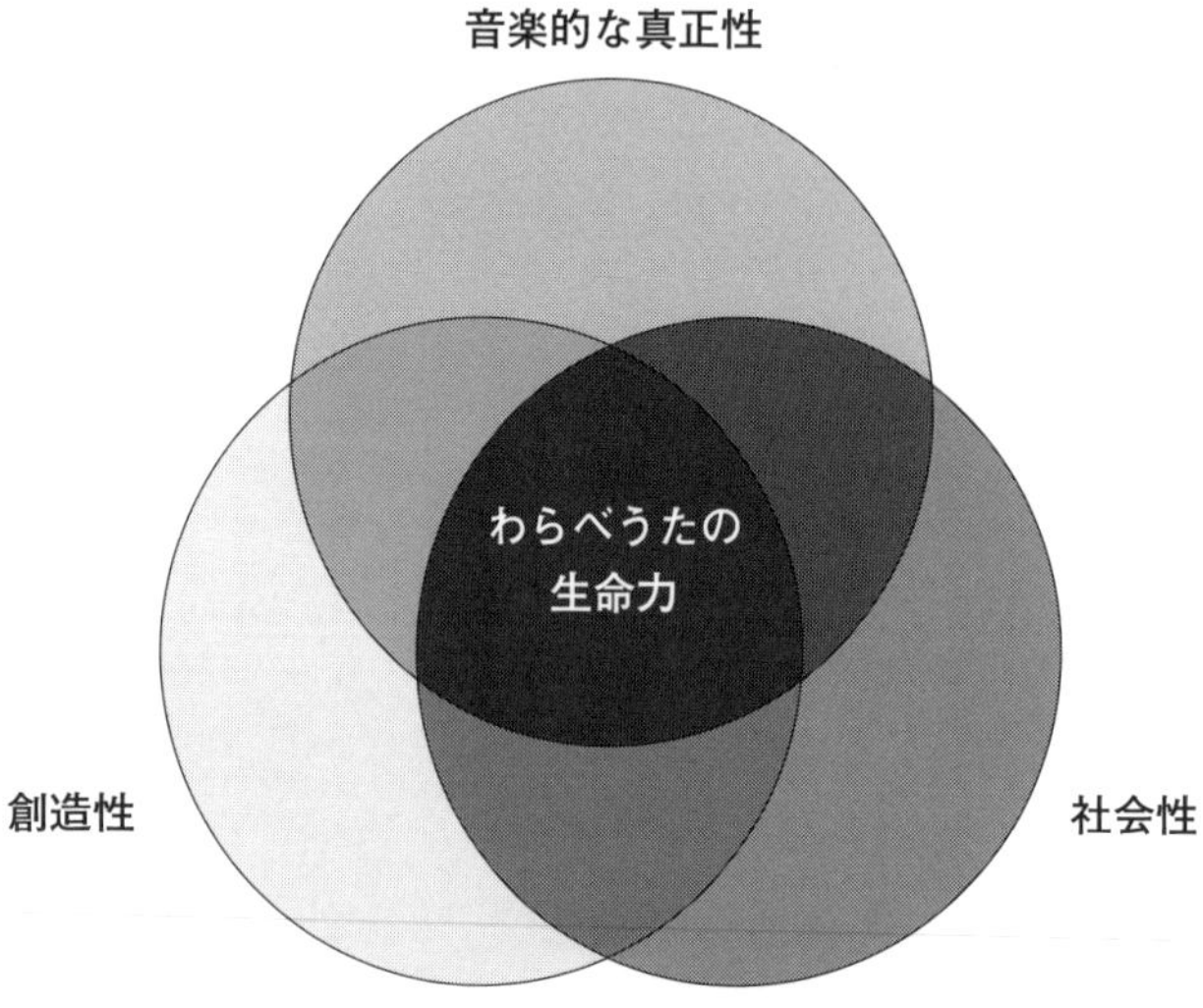

図2　わらべうた教育の原理

ような力を育てようとしているのだろうか。

(1) 意欲を育てる

第一に意欲を育てるということがくる。意欲は生きようとする力そのものである。

現在、学校で目指される学力は「わかる」「できる」である。しかし、「わかる」「できる」の前に「やってみよう」という意欲の支えがなければ「わかる」「できる」はありえない。「学力低下」よりも前に「学ぶ意欲の低下」が問題だといわれるのはこのことを言っている。

しかし、そもそも学校教育が教科学習での「わかる」「できる」ばかりを追い求めてよいのだろうか。学校教育は、子どもが社会で自立して生きていくための人間形成にかかわるものであったはずである。学ぶ意欲の低下は、教科学習の問題であるだけでなく、生きることそのものへの意欲の低下につながる根本的な問題であるといえよう。

この問題にわらべうた教育は応えることができると考えられる。まず、わらべうたは「遊び」である。「遊び」は衝動のエネルギーの放出である。身体を動かして五官を活性化させる。そして、その衝動エネルギーを整えるのは、先に述べたように、自然のリズムへの生命体の共鳴である。自然のリズムはすなわち生命のリズムである。わらべうたの素材である言葉、動き、音楽を組織しているのは生命のリズムなのである。したがって、わらべうたで遊ぶことは全身で生命のリズムを表現することであり、わらべうたで遊ぶことで生命のリズムの覚醒が期待できると考えられる。

さらに、「遊び」としてのわらべうたを「学習」に転換しても、遊び的態度の保持が為されるということがある。学習を「構成活動」として展開することで、衝動を起点としてリズムをもって環境と相互作用をするという

「遊び的態度」が連続的に保持されるのである。

(2) 伝統音楽に対する感受性を育てる

学校音楽教育では、中核的な学力として「知覚・感受の力」を育てようとしている。それは現在のところ、西洋音楽に対する知覚・感受力となっている。しかし、日本の伝統的な音楽を教育しようという主張は、戦後からの学習指導要領に見ることができ、近年は教育基本法の改正によってますます強調されてきている。また日本に限らず、文化の多様性に価値をおく国際的な動向としても、自国の伝統音楽を教育することが重要視されてきている。そこに、わらべうたを授業で扱うことが、伝統音楽への知覚・感受力を育てることが期待される。わらべうたは日本の伝統音楽の源なのである。

たとえば《かごめかごめ》では手をつないで輪になってまわる。その歩みは拍にのって進む。その拍は、西洋音楽の分割される拍ではなく、日本の伝統音楽にみられる連結していく拍である。したがって二つの拍でまとまりをつくるといっても、西洋音楽での強弱関係ではなく、表と裏の関係でまとまりをつくる。それは「かーごめ、かごめ」という日本語とそれにのった歩行の動きで生み出される。つまり、拍やリズムといっても、西洋音楽と日本の伝統音楽とでは全く異なる構造をもつのである。わらべうたで遊ぶことで、日本の伝統音楽の語法や表現方法を経験できる。そして、それを意識化させていく学習により、日本の伝統音楽に対する知覚力そして感受力を育てていけるのである。

(3) 創造性を育てる

わらべうたは、作者不詳であり、子どもが口伝えしてきたものである。伝えるうちにいろいろ変形がなされていく。変形されることでまた命を吹き込まれ、時代を超えて伝えられていくのである。どの子も変えるという操作ができるのは、わらべうたの材料や過程は日本語を母語とする子どもならだれでも馴染んでいるものであるからである。身体化された知となっているからこそ材料と過程を意のままに操れるのである。

そこで子どもは自分の興味や感情や考えに即して材料や過程を組み換え、新しくつくり替えることが可能になる。そのように、材料や過程のこれまでになかった新しい組み合わせを生み出す力、つまり既知の複数の内容に新たなつながりをつける力をここでは創造性という。子どもはわらべうたが材料ならいろいろな発展形を考え付くことができ、創造性を発揮することが可能となる。そこに多様な音楽の語法を組み入れたり融合したりすることが容易に行われるだろう。それは新しい文化創造の一歩となる可能性を持つ。

もちろん、この創造性発揮の核心は、人間の意識、情動、イメージなどの内的な世界の表現にある。つくり替えにはその子の生活経験が表現される。仲間社会に共有されてきた材料や過程を十分楽しんで、そこで終わるのではなく、さらに自己にとっての新たな意味づけをし、未来につなげていこうとする創造的態度が形成されていくことになる。

(4) 社会性を育てる

わらべうたは集団で行うことが多い。わらべうた教育では、生きる力として必須の社会性の育成が期待できる。とりわけ、わらべうたは身体によるコミュニケーションの具体化されたものであるから、身体的コミュニケーション力が育つ。コミュニケーションとは、自己と他者との関係性において物事を共有するための方法である。身体を介してそれを行うことを身体的コミュニケーションという。身体的コミュニケーションによりお互いの身体の作用が共有でき、自他を意識できるようになる。

わらべうたは基本的に身体が同時に応答する同調で成り立っている。拍にのせて身体を動かすことで身体的同調が生じる。この身体的同調によって、そこにいる人たちに共同的な行動に参加しているという共同性が生み出される。そこでは年齢や境遇の違いなどを超えて、関心や目的を同じくする共有経験の場が生まれるのである。それは言語によるコミュニケーションの前提ないし土台を為すものであり、また新たな共同体をつくっていく土台となるものである。

6 二一世紀のわらべうた教育の学校教育への位置づけ

以上述べてきたわらべうた教育は、学校教育のどこに位置づけることができるだろうか。この問題は二つの側面から考えることができる。一つは教科学習の側面であり、もう一つは全人教育の側面である。しかし、これらの二つの側面は別ものではなく、一つの教育の内容と方法との関係にあたる。

(1) 教科学習の側面

音楽科における伝統音楽のカリキュラムの出発点にわらべうたを位置づける。わらべうたは伝統音楽の源であることから、わらべうたの言葉・動き・音楽の相互関連により形づくられた材料や過程を学習し、そこから、さまざまなジャンルの伝統芸能へと広げていく学習が考えられる。日本の伝統芸能は音楽だけで存在するものは少なく、多くは言葉・動き・音楽が相互に関連し合ってできている。わらべうたはその原型になりうる。そこで、拍やリズムや旋律や形式といった音楽の構成要素を指導内容として教科の学習を行い、雅楽、箏や三味線音楽、民謡、長唄、能楽等へと教材のジャンルを広げていくことができる。

(2) 全人教育の側面

教科学習の方法として、わらべうたを芸術的な「構成活動」として捉えると、これまで述べてきたように、意欲を喚起し、創造性や社会性を育てる学習となる。つまり社会で生きていくための基本的な力を育てる全人教育として位置づけることができる。

わらべうたを「構成活動」として捉えれば、そこではわらべうたで遊ぶということが必須となる。それは低学年だけでなく、中学生も高校生も同じである。わらべうたの生命力は、乳児から老人まで年齢を問わず生命のリズムを喚起することができる。

「遊び」があることで「学習」が起こる。遊んだわらべうたの材料や過程を、子どもたちが自己を創造的に表現していくための材料や過程として捉え直すことのできる場を設定してやるのである。その遊びから学習への筋道において、人はひとやものとかかわり、そのかかわりを作り替えていく力を身につけると考えられる。

(3) 芸術の継承と創造

学校とは文化の継承の任務を負っている。先人の蓄積してきた知識、技術、習慣、情緒などの意味と価値を知るという営みの場である。それと同時に、そこに新しい意味と価値を賦与していくという創造的な営みの場でもある。子どもたちに、材料を自分にとってより意味のある形態へと形づくろうとする態度を形成することが重要である。この態度が芸術の継承と創造を実現する。わらべうた教育はこの態度形成にかなう条件を備えたものということができる。

7　二一世紀のわらべうた実践の視点

これまでは二一世紀のわらべうた教育の理論について述べられてきた。ここからはそれらの理論を授業実践という観点からとらえ直し、二一世紀のわらべうた教育を学校教育という現場で実現するための視点について述べる。

(1)　「遊び」を基盤におく

二一世紀のわらべうた教育において、わらべうたは「教材」としてではなく「経験」として位置づけられる。つまりわらべうたで十分に遊びきるという経験を実践の中に明確に位置づける点に特徴がある。

わらべうたは言葉・動き・音楽の三位一体から成り立っている。三位一体を分離して扱うことはわらべうたが生まれ育まれてきた生命線を断ち切るようなものである。ではその三位一体はどのようにすれば実現できるのか。それは「遊び」の場を十分に保障することである。「な～べな～べそ～こぬけ」と身体をいっぱいに動かし、声をそろえ、遊びに没頭する姿はまさに言葉・動き・音楽の三位一体が実現した姿である。遊びに没頭する経験は、二一世紀のわらべうた教育が育む力「意欲」「創造性」「社会性」すべての基礎となる。したがって二一世紀のわらべうた実践では必ず「遊び」の場を設定する必要がある。

近所の友だちや親兄弟と遊ぶ機会の減ってきた現代の子どもの中には「なべなべそこぬけで遊んだことがない」という子どももいるかもしれない。かつては地域や家庭が担っていた役割を今は学校教育が補うことも出てくるだろう。教師が子どもたちにわらべうたを伝え、学校という空間の中でわらべうたを経験させる時代である。

朝の会などの学級活動や「わらべタイム」などの課外活動の時間にわらべうたで存分に遊ばせることが考えられる。その遊びの経験の上に、わらべうたの授業が展開できることが望ましい。ただし、その場合でも、授業時間に遊びの時間をとり、遊びの経験を想起させることが大切である。授業以外で遊びの場を設定できない場合は、なおさら授業時間での遊びを充実させる。

(2) 指導内容の明確化

経験における意味を見出すことが学習である。ここでいう意味を見出すとは、子どもがひとやものと相互作用する中で自分にとって意味あるものとして外界を認識していくことである。

わらべうた遊びにおいて子どもは外界の何を認識していくのか。言いかえれば、わらべうたを授業実践からとらえ直した場合、子どもは何を学ぶのかということになる。学ぶ内容を明確に位置づけることによって、子どもたちは音楽科としての確かな学力を身に付けることができる。わらべうた実践の場合、それは日本の伝統音楽にみられる諸要素や形式を指導内容として明確に位置づけることである[1]。

これまでにも述べられてきたように日本の伝統音楽にみられる諸要素は西洋音楽のそれとは全く異なる構造をもつ。独特の旋律の動きがあり、独特の拍のとらえ方が存在する。日本の伝統音楽ならではの旋律の動きや拍のとらえ方を授業で扱うことによって、子どもは日本の伝統音楽に対する知覚・感受力を高めていくのである。

ではそうした日本の伝統音楽にみられる諸要素を指導内容としてどう設定すべきか。それは遊びの本質を踏まえるということである。遊びが生まれてきた生成過程や遊びのもつ材料に着目し、また何がその遊びの魅力となっているのかを認識することである。例えば「はやしのなかからおばけがにょ~ろにょろ　おばけのあとからとうふやさんがプープー　とうふやさんのあとから……」と延々と続いていくわらべうたがある。繰り返していくところにこの遊びのおもしろさがある。延々と繰り返したあかつきには「じゃんけんぽん」という結末が待っている。同じフレーズの反復があり、それに終止形が伴うことによってひとつのまとまりのある曲になる。「反復」や「終止」は音楽を形づくる重要な形式のひとつである。たとえばこれらを指導内容として、子どもが音楽が繰り返して続いていくことを知覚し繰り返しのおもしろさを感受していくという学習も考えられる。

このようにわらべうた実践においてまず指導内容を明確にするということが求められる。つぎにその指導内容はわらべうたの遊びのもつ本質から導き出されるということである。それにより、日本の伝統音楽にみられる独特の諸要素や形式について学び、日本の伝統音楽に対する知覚・感受の力を育んでいくことができる。

(3) わらべうた実践の授業構成

指導内容が定まれば、つぎに授業としてどのように構成していくかということになる。二一世紀のわらべうた教育の特徴は「遊び」としてのわらべうたを意味生成の活動として再構成していく点にある。遊びという自らの経験を意味あるものとしてとらえ直し、経験をつくりかえていく、それが学習である。このことを実現するのが、デューイのいう「経験の再構成」に基づいた授業構成理論である[(2)]。それは「経験―分析―再経験―評価」という道筋をたどる。

まず「経験」とは自らをとりまく外的世界と感覚器官をつかって相互作用することである。わらべうた実践では、まずはわらべうたを十分に遊ぶということである。友だちと手をとり、身体を精一杯動かし、目や耳などの感覚器官も敏感に働かせて遊びに没頭するという場面である。遊びに没頭するこの経験こそが後の学習の基盤となるため、必ず授業構成に組み入れることが重要である。

「分析」とは経験における意味を自覚する場面である。経験に働いていた音楽の構成要素を分析してとらえることである。わらべうた実践では、遊びをふりかえり、遊びにある音楽的な要素について知覚・感受することである。「た〜けのこ　め〜だした」と嬉々として遊んでいた子どもたちが、この歌には同じフレーズが三回登場し、最後は「ジャンケンポン」で終わるという形式であることに気づく。「反復」という形式にのって歌がすすんでいることを知覚すると同時に、たけのこがぐんぐんと生長していく動きをイメージとして感受することとなる。

「再経験」とは分析の場面で知覚・感受したことを再統合して外的世界と新たなかかわりをする場面である。わらべうた実践では改めてみんなで遊んでみたり、あるいは分析したことを手がかりに構成活動を行ったりすることである。構成活動ではそれぞれの子どものイメージが働く。例えば先ほどの「たけのこめだした」の歌を手がかりとして、今度は自分たちが育てたほうせんかの歌を創作していく。そこではだんだんほうせんかが生長していく様子が描かれる。「再経験」では植物がぐんぐんと生長していくダイナミックなイメージが新たな表現として生み出されるのである。

「評価」とは再経験で行った新たなかかわり方を自ら自覚する場面である。自分たちのつくった表現をみんなの前で発表し、それについて交流する。あるいは教師がアセスメントシート(3)を準備して子どもの知覚・感受を評価することもある。「たけのこめだした」と同じように「反復」が出てくるわらべうたと「反復」のないわらべうたを比較聴取し、反復があるときとないときの感じの違いを記述する。そこで「反復」に対する自分のとらえ方を自覚することになる。

このようにわらべうたで遊ぶという経験を「経験―分析―再経験―評価」として再構成することにより、自らの経験を意味あるものとしてとらえ直すことができる。音楽科という教科学習においてそれは伝統音楽に対する感受性を育てることにつながる。

(4) 子どもの生活を基盤とする構成活動

わらべうたは子どもたちの間で口伝えで伝承されてきたものである。そのときどきの子どもたちの生活環境が反映され、つくりかえられてきた。こうしたわらべうたの生成過程をふまえると、子どもの生活経験を基盤としてわらべうたの授業を構成するという筋道がみえてくるはずである。

わらべうた実践における構成活動は、子どもにとって外から与えられた特別な課題ではなく、遊びの延長であり遊びのアレンジである。わらべうたを今の自分の歌として替え歌にしたり、わらべうたの遊びで得た感覚を表現活動に生かしたりするなど、材料を自在に操り表現できるような場を設定することが必要である。

また構成活動において子どもの生活とのつながりに価値を置くことが大切である。子どもが身近に経験したことをテーマに取り上げたり、自分の経験を替え歌にのせて語り出す子どもの姿を取り上げたりすることによって、子どもたちは身構えることなくいとも簡単に構成活動に取り組んでいくはずである。

(5) 社会的状況における学習活動

集団の中で学習が行われるところに学校教育としての意義がある。ひとりで行う学習では計り知れない認識の広がりがそこでは実現する。わらべうた実践を社会的状況の中で行い、遊びという共通経験をもつ共同体の中で学習をすすめていくことが二一世紀のわらべうた教育の育む力をさらに確実なものにするだろう。

わらべうたは集団で行われることが多い。遊びをおもしろくするためのルールを共有し、その中で人とコミュニケーションをとる術を身に付けていく。それだけでなく、同じ場、同じ空気を共有する点にも意味がある。暗黙の中で相手の意図を推察し、その場の雰囲気をよみとる感受性を身に付けていく。遊びにおける意味を自覚する場面では、自分の感受性を自覚し、あるいは友だちの感受性の豊かさに驚いたりすることを通して、多様な意味が生成されていく。さらに構成活動の場面では、友だちと自由な発想を組み合わせ、共同的活動が行われる。その結果、ひとりでは表現することのできなかったであろう、新たな表現が創造されることとなる。

学校教育が常に社会的状況の中で行われることは自明のことであるが、一定のルールのもと集団で行われるわらべうたはそうした社会的状況を実現しやすいといえる。さらにその発展としての学習も社会的状況において実現することによって、子どもたちの感受性を育むことにつながると考える。

〔注〕

1　これまでのわらべうた教育の立場

(1) Neue Kulturfilmgesellschaft Germany, English Version for Canada produced by The National Film Board.
(2) 降矢美彌子「ハンガリーとコダーイ・システム」『ソナーレ』(第一五巻) ニチブン、一九九二年、二一七頁。
(3) コダーイ・ゾルターン、中川弘一郎編訳『コダーイ・ゾルターンの教育思想と実践』全音楽譜出版社、一九八〇年、一頁。
(4) コダーイ・ゾルターン、中川弘一郎編訳、前掲書、一五八頁。
(5) フォライ・カタリン、セーニ・エルジェーベト、羽仁協子・谷本一之・中川弘一郎共訳『コダーイ・システムとは何か』全音楽譜出版社、一九七四年、三頁。
(6) 降矢美彌子、前掲書、二二二頁。
(7) 米沢純夫「わらべうた教育の歴史的意義」『音楽教育研究』(四三号) 音楽之友社、一九六九年、一一五頁。
(8) 米沢純夫、前掲書、一一四〜一一五頁。
(9) 日本教職員組合編『私たちの教育課程研究　音楽教育』一ツ橋書房、一九六九年。
(10) 小島律子「二十一世紀の〈新わらべうた教育〉が育てる力」『学習研究』(四三四号) 奈良女子大学附属小学校学習研究会、二〇〇八年、五六〜六一頁。
(11) 本間雅夫、鈴木敏朗『わらべうたによる音楽教育』自由現代社、一九八二年。
(12) 渋谷傳『新しい音楽教育の実践』音楽之友社、一九六九年。
(13) 『音楽教育研究』(四三号)(七三号) 他。

参考文献
井口太「ドイツとオルフ・シュールベルク」『ソナーレ』(第一五巻) ニチブン、一九九二年、一八〇〜一九七頁。
井口太「カール・オルフの音楽教育理念の適用について」『日本保育学会大会研究論文集』(五〇)、一九九七年、五三六〜五三七頁。
井口太「カール・オルフの音楽教育理念の適用についてⅡ」『日本保育学会大会研究論文集』(五二)、一九九九年、五三四〜五三五頁。

2　二一世紀のわらべうた教育の立場

(1) 尾見敦子「幼児教育におけるわらべうたの教育的意義」『川村学園女子大学研究紀要』(第一二巻第二号)、二〇〇一年、六九～九二頁。
(2) ジョン・デューイ、市村尚久訳『学校と社会』講談社学術文庫、一九九八年、一八六～一八七頁。
(3) Dewey, J., Plan of Organization of the University Primary School; The Early Works, 5, 1895, p. 229.
(4) E・B・タイラー、比屋根安定訳『原始文化』誠信書房、一九六二年、一頁。
(5) デューイ、松野安男訳『民主主義と教育』(上)、岩波文庫、一九七五年(二〇〇五年第二四刷)、二八五頁。
(6) 小泉文夫『子どもの遊びとうた』草思社、一九八六年、九頁。
(7) 小泉文夫、前掲書、一七八頁。

3　二一世紀のわらべうた教育の原理

(1) J・デューイ、河村望訳『経験としての芸術』(デューイ＝ミード著作集一二)、人間の科学社、二〇〇三年、一九九～二〇八頁。
(2) J・デューイ、前掲書、二〇〇頁。

4　二一世紀のわらべうた教育の方法

(1) 小島律子「学校音楽教育におけるわらべうたの再考」『大阪教育大学紀要第V部門教科教育』(第五八巻第一号)、二〇〇九年、四八頁。
(2) デューイ、松野安男訳『民主主義と教育』(下)、岩波文庫、一九七五年(二〇〇五年第二四刷)、一九～二五頁。
(3) デューイ、宮原誠一訳『学校と社会』岩波文庫、一九五七年(一九九七年第五四刷)、一三九頁。
(4) 小島律子「『総合的な学習』における学習方法としての『構成活動』の有効性」『日本デューイ学会紀要』(第四二号)、二〇〇一年、一七五頁。

5　二一世紀のわらべうた教育の育む力

参考文献
菅原和孝・野村雅一編『コミュニケーションとしての身体』大修館書店、一九九六年(二〇〇六年第二刷)。

7　二一世紀のわらべうた実践の視点

(1)　小島律子「学校音楽教育におけるわらべうたの再考」『大阪教育大学紀要第V部門教科教育』(第五八巻第一号)、二〇〇九年、五一頁。

(2)　小島律子監修『日本伝統音楽の授業をデザインする』暁教育図書、二〇〇八年、一四〜一五頁。

(3)　アセスメントシートとは、児童・生徒の学習状況を把握するための質問紙のことを指し、音楽科では学習の終わりに実施されることが多い。内容としては、それまでに学習してきたことを新しい問題で応用してみる、ということが含まれる。小島律子監修『小学校音楽科の学習指導—生成の原理による授業デザイン』廣済堂あかつき、二〇〇九年、一六二頁。

第2章

わらべうた実践の事例

1 《らかんさん》幼稚園年長児の親子交流

《らかんさん》の遊びの魅力は、しぐさを模倣することである。これは、《らかんさん》の後半部分にあたり、鬼がしぐさを作り、周りの子どもたちが鬼のしぐさをまねるという、まねっこ遊びを指す。子どもたちは、身振りや動作をまねし合い、感情を共有する中で、仲間への親しみを増していくだろう。

今回は、まねっこ遊びの部分に焦点をあてることにより、子どもたちが言葉によらない身体のコミュニケーションを通して、仲間関係を深めていく姿に注目したい。この遊びは、身体の動きを拍に合わせることによって遊びが成功する。そこで、参加者全員が身体の動きを合わせるためには、必然的に拍にのるという行為が求められる。言い換えると、拍にのれないとコミュニケーションが取れず、遊びが成立しないということである。

そこで、保育者としては、遊びの中で子どもたちが拍にのって遊ぶことができるように支援していきたい。たとえば、支援の一つとして、一対一の遊びから大人数の遊びへ、簡単なものから複雑なものへと遊び（ルール）を展開した。このことにより、わらべうた遊びの経験が少ない子どもでも、積極的に遊びに加わり、周りと身体の動きを合わせながら、自然に拍を意識できるようになると考えたからである。

以上のように、まねっこ遊びの中で、拍にのりながら、身体の動き、音楽、言葉、表情などさまざまな媒体を用いて他者とコミュニケーションを取ることにより、参加者全員に一体感が増し、さらに《らかんさん》の遊びが豊かなものになると考えた。

本実践では、活動の一部に親子交流の場を設定した。親子交流では、これまでの子ども同士の遊びとは異なる、親子ならではの《らかんさん》の遊びの姿を見ることができた。それでは、《らかんさん》の遊びにみられる親子のコミュニケーションは、どのような特徴を持つのだろうか。また、親子は遊びの中でどのようにコミュニケーションを進展させるのだろうか。ここでは、遊びの中で変化のみられた何人かの幼児を例にあげて親子コミュニケーションの様子を紹介したい。

(1) 親子コミュニケーションの姿

① 親の前で安心して表現する子ども

人前に出ることに抵抗感を持っているあやこは、子ども同士の遊びでは、鬼になることを嫌がり、まねっこも自信がなさそうにうつむきがちであった。しかし、大好きな母親と二人きりで遊べる嬉しさから、親子交流当日は活動前から明るい表情をみせていた。母親との一対一の遊びが始まると、その喜びを全身で表し、お手合わせ部分では、誇らしそうな表情で、手の高さを一生懸命母親に合わせようとする姿がみられた。母親は、自分に対するあやこの行為を温かく見守りながら、あやこの手に自分の手を重ねることで、わが子に愛情を伝えているようであった。

このように、子どもは、親といっしょに遊ぶ嬉しさを遊びの中で表出しており、親が子どもの表出行為を受け止め、その思いにこたえることで、子どもは情緒的な充実を得ていったと考えられる。

② 大人数の中でも安心して表現する子ども

親子交流の最後の活動では、参加者二四人全員で円になり、順に鬼をまわしていく遊びを行った。少人数の遊びでは多くの子どもがのびのびと遊んでいたが、二四人の遊びでは、その人数に圧倒される子どもが数名みられた。そうした中でも、まねっこ遊びの部分では、皆が鬼に合わせて歌を歌っており、鬼役の子どもが緊張して動けない場面では、他の親子が歌を止めて温かく見守る姿がみられた。その際、決して子どもを焦らすことなく、自ら動き始めるまで周りはゆっくりと待っており、子どもが動き始めると、その動きに合わせてすぐに歌が歌われた。また、恥ずかしさのあまり、動きが小さく、前のめりになっただけの子どもについても、周りがすぐに同じような動きをまねたため、あたたかな雰囲気の中で遊びがスムーズに進められた。

このように、一対一の遊びの経験を基に大人数での遊びを展開したことで、子どもたちは、そのままの自分を受け入れてもらえる安心感を持って遊びに参加できたと考えられる。周りの「見守る」「待つ」行為は、子どもが表現するために必要な時間・空間・仲間を保障し、子どもたちは大人数によって模倣され、共に喜び、笑い合い、応援される中で自己肯定感を高めていったのではないだろうか。

(2) 《らかんさん》の遊びにおける親子コミュニケーションの特徴

遊びを成功させたいという心地よい緊張感の中で、親子二組での遊びが始まり、保育者の掛け声「いっせーので」から母親二人は身体を前のめりにして、構えた両手を上下に動かし、拍を取り始めた。お手合わせ部分でも、全身で拍を取ったり、両脇の子どもたちと密にアイコンタクトを取ったりして、皆で息を合わせようと働きかける姿がみられた。まねっこ部分では、母親が拍にのりながら「はいっ」と合図を出した瞬間、あつしがしぐさを始めた。あつしは、照れた表情を浮かべながらも、皆が自分を注目してくれていることに嬉しさを隠せない様子であった。他三人が、あつしの動きに合わせて歌う速さを変えたことから、焦ることなく、あつしは堂々としぐさを行った。母親たちは全身で拍を取りながら見守り、あつしも皆に見守られていることに対して満足感を得ているようであった。

このように、遊びを成功させたいという思いが、無意識のうちに拍にのるという行為を生み出し、またその行為が、身体の動き、音楽、言葉、表情などを介したコミュニケーションを成立させていくことが分かった。また、言葉で伝えなくても、あつしの動きに拍を合わせるという思いやりが周りの三人に芽生えており、これらの行為は、身体の動きに加え、速さの違いを楽しむ行為へと遊びの内容に発展をみせた。いろいろな速さのまねっこ遊びが繰り返されることにより、規則正しい拍によらない、延びたり、縮んだりする自由な拍が作り出されていった。

あつしの次は、たかこの母親が鬼になったが、順番が変わる瞬間、あつしの母親がタイミングよく「はいっ！次！」と掛け声をかけ、指さしたことから、さらに活気あふれる雰囲気が作り出された。遊びが終わると子どもたちは安どの表情を浮かべ、二人の母親からは思わず拍手が生まれた。ここでは、子を見守る母親からいっしょに遊ぶ仲間へと親子関係が変化する姿がみられた。つまり、わらべうた遊びでは、親が子どもを傍観者的に見守るのではなく、子どもといっしょに遊びに熱中することで、親子の間にあたたかな関係が築かれていったということができる。

◯考察

《らかんさん》における一対一の親子遊びは、親が子どもの表出行為を受け止め、その思いにこたえることでコミュニケーションが成立することが分かった。ここで生み出される情緒的な充実は、人間が生きていく上で最も根源的な親子の絆を強めるものといえるだろう。また、大人数による親子遊びでは、一対一での親子関係を基にして、大勢の仲間の存在を感じながら、自己肯定感を高めていく姿をみることができた。さらに、遊びを成功させたいという強い思いが、拍にのって身体の動きを合わせる行為を生み出し、声を揃えて歌う、アイコンタクトをするといったような他者との多様な関わりを育んでいったといえるだろう。このように、わらべうた遊び《らかんさん》は、遊びの中で、拍の知覚を核としてコミュニケーションが進展し、遊び集団の中で新たな人間関係が構築されることにより、充実した遊びへとつながっていったと考える。

2 《いもむしごろごろ》小学一年生

《いもむしごろごろ》の遊びのおもしろさは、みんなで列をつくり、列が切れないように揃って動くところにある。気持ちを合わせる緊張感があり、うまくいったときには一体感や連帯感が生まれる。遊びが生み出す一体感が《いもむしごろごろ》の魅力であり、リズムを合わせて歩くことは、友だちとの協力を意識することにつながる。

《いもむしごろごろ》では先頭の子どもが歌う速さで列が動く。先頭の子どもが、しっぽをつかまえたいからと速く歌いながら歩いてしまうと、途中で列が切れやすくなってしまう。反対に遅く歌うと、しっぽの子どもは逃げにくくなり、列も切れにくくなる。「速い」「遅い」の二種類の《いもむしごろごろ》で遊び比べて、その違いを感じ取り、いもむしらしく動ける速度で遊ぶ。歩くリズムが揃ってくると、ずっと歩き続けることが可能となる。友だちと身体全体でリズムを合わせようとする遊びを通して、人と人とのつながりがみえてくると考えた。

○授業の概要

指導内容：速度

指導計画：〔経　験〕《いもむしごろごろ》を歌って遊ぶ。

〔分　析〕《いもむしごろごろ》の速度を変えて遊び、速度のちがいを意識する。

〔再経験〕遊びやすい速度の《いもむしごろごろ》を考え、遊ぶ。

〔評　価〕速度の違いについてアセスメントシートに答える。

(1) 遊びの中に生まれる問題を共有し解決していく子どもたち

遊びの始めの段階では、ゆっくりと《いもむしごろごろ》を歌い出し、動きも歌に合わせてゆっくりと歩き出していた。しかし、先頭の子どもが最後尾の子どもをつかまえようと夢中になり、だんだんと小走りになり出すと、列が途中で切れてしまう様子が見られた。

途中で走ってしまったグループは、歌と足の動きが合わずに列がすぐに切れてしまい、遊びがすぐに終わってしまう為「うまくできない」と感じている様子が見られた。反対に、歌と足の動きが合っているグループは、リズムにのって列が進んでいくので、上手にしっぽをつかまえることができ、「うまくできた」という成功感を感じている様子が見られた。

① 問題を共有する

遊んでみて〔おもしろかったこと〕や〔こまったこと〕があるかを聞いた。〔おもしろかったこと〕では「最初は速かったけど、途中からリズムが合ってきたから、つかまえられるようになって、おもしろかった」とリズムが合うことのおもしろさを感じていた。また〔こまったこと〕では、「速すぎて、〝おっとっと〟ってなったよ」というように、速度に関する発言が出てきた。

さらに、Gくんの「ひっぱられて目がまわってこまった」という発言を受けて、Yくんが「Gくんがこまっているのは、後ろの人が離れていて、前の人が先々進んじゃって、ひっぱられる感じになるからじゃないかな」と〔こまったこと〕について分析すると、クラスからも「だから、目がまわっちゃう」という反応が返ってきた。ここから《いもむしごろごろ》の遊びで生じた〔こまったこと〕について、「どうしてそうなったのか？」をクラス皆の問題として共有する展開へとつながっていった。

②　問題を解決する

遊んでみて〔こまったこと〕として、「速くてこけそうになる」という意見が多かった。そこから〔こまったこと〕の共通点として「速さ」に注目し、子どもたちといっしょに《いもむしごろごろ》のしっぽつかまえ遊びを成功させるにはどうしたらよいかを考えた。

「速さ」の違いとして、〔あわてんぼういもむし〕と〔のんびりいもむし〕の二匹のいもむしの絵を見せて、〔あわてんぼういもむし〕だとどうなるのか、〔のんびりいもむし〕だとどうなるのかを、実際に遊んで比べることとした。それぞれの歌の速度を変え、その歌に合わせてしっぽつかまえ遊びをしたり、遊んでいる様子を見ながら手拍子を打ったりした。〔あわてんぼういもむし〕で遊ぶと、歩幅が小さくなり、前の子どもとの距離が短くなったり長くなったりして、比較的すぐに列が切れてしまった。遊びを見ている子どもの手拍子も速くなった。〔のんびりいもむし〕で遊ぶと、歩幅が大股になり、前の子どもとの距離が一定となり、列が切れずにずっと歩き続けることができることがわかった。遊びに合わせて打った手拍子も、ゆったりとしたものになり、手と手を打つ間隔が開くので、手を打つタイミングを見計らっている様子が見られた。

このように、〔あわてんぼういもむし〕のように急いでしまうと列が切れてしまうのに比べ、遅く歩いている〔のんびりいもむし〕の方がすぐにしっぽをつかまえることができることがわかったことで、遊びを成功させるには、ちょうどいい「速さ」で遊ぶことが大事であることに気がついていった。そこで、「もう一度遊んで確かめたい」という要望が出てきた。

(2) 連帯感を生み出す《いもむしごろごろ》

① 動きを合わせる

子どもたちは「のんびりいもむし」を意識して、始めからゆっくりと歌いながら遊び始めた。途中で先頭の子がしっぽをつかまえることに夢中になって急いでしまう場面でも、後ろの子どもがゆっくり歩こうと足を踏ん張り、腰に当てた手で前の子どもを後ろに引き戻す様子が見られ、次第に全員のリズム感が合ってきた。

初めて遊んでいた時は、前にいる子どもは、前にいくことだけを意識していることが多く、後ろの友だちがついてきているのかを気にしていなかった。しかし「のんびりいもむし」を意識してからは、後ろの子の手を自分の腰にしっかりと当てさせ、振り向きながら後ろのみんながついてきているのかを確かめる、といった様子が多く見られた。このように後ろの子どもが前の子どもを、前の子どもが後ろの子どもを、お互いに意識し出すと、足並みがそろいはじめ、しっぽをつかまえた後も輪になった状態のまま歩き続ける様子が見られた。

輪になった状態で歩き続けることに慣れてきたグループは、歩き続けたまま周囲のグループに「ほら、ずっと歩けているよ」と得意気な表情をして声をかけたり、手を振ったりする姿が見られた。ずっと歩き続けられるようになったグループの様子を見た他の子どもたちも、そのグループの歩く姿をしばらく観察した後に、「私たちもあいうようにやってみたい」と声をかけ合い、ゆっくりと歌いながら足並みを揃えて歩くようになった。

② 歌声を合わせる

「のんびりいもむし」を意識することで足並みが揃うと、友だちとリズム感を共有していく様子が身体全体から伝わってきた。それと同時に声のリズムも揃っていき、生き生きとした歌声へと変わっていった。遊び始めでは、しっぽをつかまえることに夢中になり、途中で歌声が小さくなったり消えてしまったりしていた。しかし、ゆっくりと踏みしめながら揃って歩くことで、歌声も力のこもったしっかりとしたものへと変化した。声を揃えて楽しそうに生き生きと歌っている様子に気づくと、周囲の子どもたちも同じように大きくしっかりと歌声を合わせるようになり、「一匹の大きないもむしになって歩いている」という一体感が生まれていった。

○考察

「速さ」という課題を共有したことで、友だちと「速さ」を合わせようと思うようになり、友だちとのつながりを意識するようになった。リズム感を共有することで、身体の動きが揃うと共に、歌の声も一層元気になった。そして《いもむしごろごろ》が生み出す一体感や連帯感が十分に感じられるようになり、遊びが充実していった。

3 《大波小波》中学一年生

《大波小波》は縄跳び遊びであるが、「あっぱっぱ」の「ぱ」の部分で跳ぶ側は縄を両足で跨いで止めるという遊びをする。縄を回す側は跳ぶ側に縄を止められないように縄の回す速度を工夫し、変化させる。一方、跳ぶ側は「ぱ」の部分で縄を止めるために縄の動きの変化を見なければならない。跳ぶ側が縄を跨げると跳ぶ側の勝ち、跨げなければ回す側の勝ちとなる。この遊びは拍の規則性・不規則性（伸びる拍、縮む拍）を遊びから学ぶことができる。そして生徒は縄跳び遊びの活動中は常に拍を意識していると考えられる。遊びを通して拍について学習をし、同時に友だちとのコミュニケーションを豊かにしていくのではないかと考えた。

○授業の概要

指導内容：拍／伸びる拍・縮む拍

指導計画：〔経　験〕《大波小波》を歌って縄跳び遊びをする。

〔分　析〕班対抗で《大波小波》の遊びを通して、対戦相手へのクレームから、拍の規則性・不規則性や速度の変化に注目させる。

〔再経験〕縄跳び遊びをして振り返りながら、「跨ぎやすい回し方」「回す側の作戦のかわし方」を話し合う。拍の規則性と不規則性（伸びる拍・縮む拍）を学習する。

〔評　価〕《ソーラン節》と《刈干し切り歌》の比較聴取を行って学習状況を確認する。

(1) 遊びを成功させるために必要な「拍」についての学習

《大波小波》の活動に入った。まず、はじめに「①跳ぶ側は縄を跨いで止め、回す側は止めさせない。②班員は大きな声で歌うこと」というルールを説明した。また、立候補で審判員を決め、活動が公正に行われるようにした。一通り全員で《大波小波》で遊んだ後、班対抗のリーグ戦にし、班長はじゃんけんで対戦相手を決めた。

班対抗の縄跳び大会が始まると回す側の生徒は勝つために縄の回し方や相手の思惑をかわす作戦を立て始めた。回す側は縄の回す速さを変えることにより、一定の間隔を保っていた拍をくずした。また、跳ぶ側も相手の縄を回すタイミングをずらすようにゆっくり跳んだり、最後の「あっぱっぱ」のところで片足を置いて縄を跨ごうとしたりした。こうした遊びの中で、回す側は「拍をくずそう」とし、跳ぶ側は「拍がくずれること」に対してクレームをつけた。

教師は審判員とクラス全体にクレームを相談し判定させた。跳ぶ側は「速さが途中で変わっている」「回し方が一定でない」「いつから終わり（あっぱっぱ）の回し方に変えるのか」「縄が浮く」という。跳ぶ側が「回すのが遅い」というと回す側は「歌に合わせているから」と反論する。そこで「跳ぶ側はしっかり班員で歌うこと」と「最後で片足を置くことはダメ」とルールをいった。つまり、生徒は縄跳び遊びを通して互いに相手のルール違反を見落とさないよう、常に「拍」を意識していた。

その後、優勝班が決定した後、インタビューをした。

教師：「勝因は何ですか？」　　生徒：「縄を回す人の動きを見て、その逆の動きをする」
教師：「回す時は？」　　生徒：「相手が跳びにくいように拍をくずす」
教師：「では反対にどうしたら相手は縄をまたぎやすくできるの？」
生徒：「縄を規則正しく回して速さを変えないこと。相手のリズムに合わす」

つまり、縄を規則正しく「拍をきざむ」と縄をまたぎやすくなり、反対に「拍をくずす」とタイミングがつかめないので縄を止められない。生徒は縄跳び遊びから拍が伸びたり、縮んだりすることに気づいた。これを「伸びる拍」「縮む拍」ということを教えた。

(2) 一体感を生み出す遊びの力

ではその活動を見物していた周りの生徒はどのように遊びに関わっていたのか。

はじめ、周りの観客の生徒は、他の班が対戦しているのを順番待ち程度に見ていた。《大波小波》をいっしょに歌うこともなく、退屈そうに傍観者的に遊びを見物していたのである。そこで教師は「見ている人もいっしょに歌いましょう」と活動に参加することを促したが、その時点で積極的に歌う生徒は少なかった。

次第に班対抗で競争していた縄跳び大会が盛り上がりの様相を見せた。跳ぶ人・回す人だけでなく、観客の生徒を巻き込み、クラス全員が「縄が浮いていないか」「速さは一定か」と審判するようになり、遊びが盛り上がっていった。また、跳ぶ人がまたげると大きな拍手を送ったり、「がんばれ」と声をかけたりし始めた。観客側の生徒もあたかも自分も参加しているかのごとく、遊びに熱中し始めたのである。そのように感情移入が行われるようになると、自然とまわりも歌うようになった。教師がわざわざ「見ている人もいっしょに歌いましょう」と促さなくても、観客側の生徒も遊びに熱中し始め、自発的に歌うようになるのである。

観客は遊びを見物する単なる傍観者ではなくなり、夢中になって応援するうちに、跳ぶ側、回す側、審判員側に感情移入をするようになり、その結果、知らず知らずのうちに声を出して歌うようになるなど、かかわり方が変化していったのである。

○考察

なぜ班対抗の縄跳び遊びが、主体的に取り組む活動に変化していったのか。

それは縄跳び遊びが生徒同士の心理的距離を縮め、コミュニケーションを活発にしたからだと考えられる。例えば、「縄が浮く」ということにクラス全員が注目をした。なぜなら「縄が浮く」とうまく縄を跨げないからである。観客は「あの子は跨げるかな?」と期待して見ている。だから競争よりも跳ぶ人に注目している。跳ぶ生徒への「まなざし」はその人個人を理解しようとする行為につながる。だからうまくできると拍手をし、不正があるとクレームをつける。縄跳び大会が盛り上がってくると観客の生徒は《大波小波》を大きな声で歌うようになった。もはや班対抗の競争ではなくなり、クラス全体が一体となって応援する遊びへと変化していったのである。

以上より思春期の中学生が縄跳び遊びに夢中になった理由は、①縄跳びの身体性、②班対抗の競争意識、③互いを審判したことが挙げられる。跳ぶ人と回す人の間である関係が生まれる。例えば「縄をひっかけてやろう」「拍をはずそう」「あの子は跨げるかな」という水面下での駆け引きが行われる。相手への関心は互いの心理的距離を近づける。その交流から「やったあ」「悔しい」「おしい。もうちょっとやったのに」と互いの行為に対して一喜一憂する。また「縄が浮いていないか」と互いを審判し合う活動は常に他者を意識する活動となる。「あの子は跨げるかな」という他者への意識は個人への関心となり、理解へとつながる。つまり、縄跳び遊びは子どもの社会性を育てる。他者への意識の持続は同時に「拍」への意識の持続である。それが「わらべうた」という素朴な遊びの中にあるから、意欲が持続するのであろう。

【生徒のワークシート】

《大波小波》が楽しかったです。楽しかったと思ったのはリズムを取りながら「どうやったら縄に足をかけることができるのだろう」と自分で考えてやることができたからだと思います。でも《大波小波》には縄が床についていなくて「浮いている」と指摘されたり、「とても難しいんだな」と見ていて分かりました。とてもわくわくして「あの子ひっかかるかな？」など思いながら見ることができる授業でした。しかも、拍を学べる。楽しく遊べる。そして拍の勉強で一石二鳥でした（女子Yさん）。

4 《さらわたし》通常学級における交流（小学三年生）

平成一九年四月より、学校教育法（第八章特別支援教育）が施行された。文部科学省は発達障害についてのとらえ方として、発達障害者支援法において、「自閉症、アスペルガー症候群その他の広汎性発達障害、学習障害、注意欠陥多動性障害その他これに類する脳機能の障害であってその症状が通常低年齢において発現するものとして政令で定めるもの」と定義づけている。このことをうけて学校では、子どもの特性を理解し、その子のニーズに応じた手立てを考える必要が生まれてきた。

Sくんは、一年生の頃は体育の時間になると運動場にある遊具で遊んでいた。全校集会で体育館にいくと、マットで遊ぶ、授業中は床で寝転ぶ、などの行動が目立った。三年生になって音楽室で音楽を学習することになった。木琴や鏡など、彼の興味を引くものがたくさんある中で、《さらわたし》の授業を行った。《さらわたし》は、鬼を囲んで歌いながら宝物を回し、歌い終わった時に誰が宝物を持っているかあてるという遊びである。拍をあわせて宝物を隠すことで、鬼とまわりの子どもたちとの間にコミュニケーションが生まれるのではないかと考えた。

○授業の概要

指導内容：拍

指導計画：〔経　験〕《さらわたし》をして遊ぶ。

〔分　析〕《さらわたし》の拍を意識する。

〔再経験〕拍を意識して《さらわたし》を歌いながら遊ぶ。

〔評　価〕拍についてアセスメントシートに答える。

(1) 遊びの中で友だちの意見を受け入れ、自らの行動を変える

《さらわたし》のうたは、次の通りである。

> さらわたし　さらわたし　しずかにわたす　こがねのゆうひ　鬼のいないうちに　鬼のいないうちに

《さらわたし》はハンカチ落としのように宝物を回して持っている人を当てる遊びである。まず鬼をかこんで円になり、周りの子がビー玉（ハンカチなど手に握れるもの）を渡していく。歌い終わったときに誰がビー玉を持っているかを鬼があてる。周りの子は鬼に見えないように背中の後ろに手をまわしてビー玉を渡していく。歌の最後の「鬼のいないうちに」の「に」のところで一斉に手を前に交差させて鬼に見せる。

《さらわたし》を始めるまでのSくんは、ネームペンをマレットにしてマリンバをならしたり、開閉式の鏡に隙間をつくり、覗き込んで鏡に映った自分とジャンケンをしたり、興味の赴くままに行動していた。ところが《さらわたし》を始めることを知ると、誰に呼ばれることなく、自分のグループのところに移動し、自然にグループの輪に入っていった。この姿からSくんが《さらわたし》に興味を示していることがわかった。そして自らグループの中に入り、自分から友だちに関わろうとしていた。

誰も鬼になろうとしない中で、Sくんが鬼に指名されて「えっ！」と言いながらも鬼になった。鬼になって一回目と二回目は、歌がおわるとすぐに無造作に宝のありかを指名してはずれた。Yくんに「Sくんまじめにやってる？」と言われて、三回目は周りの子どもをよく見てから指名するが、またはずれた。四回目は、じっと相手をみて見当をつけたように指名した。そこではじめてビー玉を持っている子を当てることができて、大喜びをする。

一回目や二回目で鬼を無造作に指名していたのは、Sくん自身《さらわたし》のおもしろさがどこにあるかがわからずに行動していたからであろう。Yくんにそれではいけないことを指摘され、三回目や四回目では友だちの意見を取り入れて「見当をつけて指名する」という新たな行動をおこした。その結果、鬼を指名することができて大喜びをし、大変満足した様子であった。友だちの意見を受け入れて自分の行動を変えたことによって、「鬼当て」という《さらわたし》のおもしろさを実感することができたのである。

(2) 「演じること」で遊びの楽しさを実感する

次にKさんが鬼になり、Sくんは宝を回す役になった。ビー玉を持っているフリをするには、拍をあわせて「鬼のいないうちに」の「に」で一斉に手を前で交差しないといけないことに気づく。

Sくん自身も《さらわたし》のおもしろさは宝物（ビー玉）を持っていないのに、持っているフリをして鬼をだますことにあるということに気づき、あたかも宝物（ビー玉）を持っているかのような演技をした。みんなといっしょに遊びに没頭する中で、その遊びの楽しさが「鬼をだます」ところにあることに気づき、自ら進んで演技をして、より遊びの楽しさを実感していた。

(3) 自分の思いを伝えようとするSくん

① グループの友だちに対して

グループで《さらわたし》を遊んでいたとき、Kさんが「鬼のいないうちに」のところで目隠しをするのを忘れていた。それに気づいたSくんがKさんの頭を下げて目隠しをするように促した。Kさんは「ごめん、ごめん」といって目隠しを忘れていたことをSくんとみんなに謝った。

このように、自分が学習したことをなんとかして友だちに伝えるため、言語で意思疎通を図ることの苦手なSくんはKさんの頭を後ろから軽く押さえるなど、友だちに直に触って行動を促すという方法を自ら選んで自分の思いを友だちに伝えようとしていた。

② クラス全員に対して

それぞれのグループで《さらわたし》を遊んだ後、クラス全員を集めて「さらわたしのどういうところがおもしろかったか」という問いかけをした。Sくんははじめから意欲的に手を挙げていた。友だちが発表しているときは、ウロウロしていたが、発表が終わると着席して、当ててもらおうと必死に挙手をした。当てられたSくんは、手を前に交差させて「こうやって、ビー玉持ってないのに、持っているみたいに、鬼をだますのが、おもしろい」と身振り手振りをつけて発表した。しかし自分が発言し終わると、またウロウロしだした。

Sくんははじめから意欲的に手を挙げて自分が感じたことや考えたことを言葉で伝えようという意思をみせていた。それだけSくんにとって《さらわたし》の遊びは楽しいものであり、鬼をだましたりする楽しさをなんとかみんなに伝えたかったのだろう。そうしたわらべうたのもつ魅力が、普段は人と関わることが苦手なSくんに「自分の気持ちを人に伝えたい」という社会的な欲求を芽生えさせたと考える。

○考察

今回、特別な支援を必要とするSくんも共に学ぶ音楽の授業にわらべうたを取り入れたことによって、Sくん自身にも大きな変化がみられた。遊びのルールを守ること、自分の行動をコントロールすること、これらはすべて「友だちといっしょにより楽しく遊びたい」というその子自身の欲求に根差したものである。また遊びの役柄を演じることによって、仲間といっしょに同じ場を共有することができる。そこには言葉のやりとりは必要ない。そんな中でお互い目配せをして鬼をだます楽しさがある。楽しかった経験は人に伝えたくなる。このように、わらべうたには自然にコミュニケーションを生み出す力があると考えられる。

5　《ひとやまこえて》幼小交流（小学六年生）

《ひとやまこえて》のわらべうたの楽しさは、子どもとたぬき（鬼）に分かれて、問答しながら遊ぶところにある。子どもが「たんたんたぬきさん、あそぼじゃないか」と誘うと、たぬきが「いーまは、ごはんのまっさいちゅう」と返事をする。子どもが「一口ちょうだい」と頼むと「いやいやしんぼ」と答え、たぬき（鬼）が、子どもを追いかける鬼ごっこである。

今回は、六年生がわらべうたの交流を通して、幼稚園児とどのように関わっていくのかに焦点を当て、ねらいをコミュニケーション能力の育成とした。六年生と幼稚園児との交流は二回行う。一回目は「問答」というわらべうたの形式を六年生が知らないまま遊ぶため、コミュニケーションがうまくとれないことが予測される。二回目は、わらべうたの形式が「問答」であることを学習してから交流する。「問答」は、人と人とのやりとりの中で成立し、お互いの顔を見ながら、次はどんな答えが出てくるか、わくわくドキドキと期待しながら待つところに楽しみがある。異年齢の子ども同士でも、《ひとやまこえて》が問答になっていることがわかると、一挙一動に意味が生じ、遊びがより楽しいものになるのではと考えた。

○授業の概要

指導内容：問答

指導計画：〔経　験〕《ひとやまこえて》のわらべうたを知り、幼稚園児と一回目の交流をする。

〔分　析〕《ひとやまこえて》の問答があるときと、ないときを比較聴取して問答の知覚・感受をし、問答の表現効果を知る。

〔再経験〕《ひとやまこえて》の問答を意識して、替え歌をつくり遊ぶ。幼稚園と二回目の交流をする。

〔評　価〕問答についてアセスメントシートに答える。

(1)　わらべうたを知り、園児とのはじめての交流を行う

《ひとやまこえて》のもとの歌詞は以下のとおりである。

子・たぬき：ひとやまこえて　ふたやまこえて　みやまのたぬきさん

子：たんたんたぬきさんあそぼじゃないか　　たぬき：いーまはごはんのまっさいちゅう
子：おかずはなあに　　たぬき：うめぼしこうこ
子：一口ちょうだい　　たぬき：いやいやしんぼ

六年生は、最初《ひとやまこえて》の歌や遊び方を知らなかったが、それがわかるとグループで子ども役とたぬき役を決めて、男女仲良く遊んでいた。「おかずはなあに」のところを「やきにくとからあげ」など、日頃の食事の様子を思い出しながら、歌詞を自然に変化させて歌っている様子も見られた。

一回目の交流では六年生は意欲をもって望んだが、六年生も園児も緊張しており、園児の中には泣く子も出て六年生はどのように接したら良いかわからず、おろおろする場面もあった。遊びの説明をしても相手になかなか通じず、わかりやすい説明ができなくて遊びが中途半端になったグループもあった。楽しく交流しようと一生懸命努力したが、遊び方や歌が十分理解されず園児との接し方もぎこちない様子であった。

(2) 遊びの中にある「問答」に気づく

一回目の交流の感想を六年生に聞くと、「幼稚園の子が鬼ごっこで逃げるところは楽しくできていたようだが、説明不足で歌や遊びのルールを十分に覚えてもらえなかった」とどのグループも答えた。そこで、《ひとやまこえて》の歌をもう一度見直してみた。歌詞に注目し、子どもとたぬきが出てくることを確かめて、どのセリフを言うかを考えさせた。それから子どもとたぬきに分かれて歌ってみた。そして、一人で歌うときと、子どもとたぬきの二人に分かれて歌うときの感じの違いを比較聴取させた。一人で歌った時は、「さみしい感じがする」「一人で遊んでる」「一人のときはあんまりたぬきと子どもの分かれ目がわかれへん」「一人で悲しい感じ」などとイメージし、二人で歌った時は「二人でいっしょに遊んで楽しい様子」「にぎやか」「いっしょに歌っている時は友だちが近くにいていっしょに遊んでる」「うれしい気持ち」とその違いを知覚・感受していた。そこで教師が「この歌はどんな風になっている?」と尋ねると、「会話、会話、会話や」と子どもとたぬきの会話になっていることに気がついた。教師が「たんたんたぬきさんあそぼじゃないか」と歌うと、子どもは「遊んでほしい、遊んでね」と言い、教師が「いーまはごはんの真っ最中」と歌うと、子どもは「今はご飯中やねんって、断っている」「あとで遊ぼうって言っている、今は無理」と答えた。教師が「おかずはなあに」と歌うと、子どもは「おなかへったなあ」と、その時のイメージや気分も交えながら答えていた。そして、このような会話のことを「問答」と呼ぶことを知った。問答を知ったあとの遊びでは、たぬきが「うめぼしこうこ」と答える部分は、日頃の食事を思い出し「つくりとハンバーグ」「ラーメンとからあげ」など替え歌をつくって遊んでいた。

(3) 「問答」を学習した後、園児との二回目の交流を行う

二回目の交流では、「今日はわかりやすく説明したいと思います」と前置きして、まず子ども役とたぬき役を決めた。そして六年生は園児に対して「たんたんたぬきさんあそぼじゃないかって、この四人(子ども役)で言うねんで」「今はごはんの真っ最中は、このたぬきさんが言うねん」「いやいやしんぼは、ギャーって逃げるねんで」とそれぞれの役割を指示したり逃げるまねを動作で表したりして、「問答」という形式をわかりやすく優しい口調でゆっくり丁寧に説明していた。さらに、園児が歌や遊びを覚えるまで、六年生と園児がペアになって子どもやたぬき(鬼)になるなどの配慮もしていた。おかずの部分では、「いつもうめぼしとこうこだけでは、おもしろくないやろ」と説明し、好きな食べ物を聞いて、「ごはんとからあげ」「焼肉とたまご」など、日常の生活経験から、食事の内容を思い出させるように導き、普段の食事の内容を取り入れた替え歌をいっしょにつくる姿

がみられた。実際、歌いながら遊ぶ場面では、六年生と園児が必ずペアになって、たぬき役は、おかずをいっしょに考えたり、子ども役はいっしょに逃げたりと、園児も六年生も全身を使って遊びを楽しんでいた。

○考察

子どもたちは交流を通して、人とコミュニケーションを取るにはどのようにしたらよいかを学んでいった。特に問答を学習する前と学習した後では、コミュニケーションの姿に大きな違いがみられた。

問答を学習する前は、園児に、ただ歌を覚えさせようとする姿が見られたが、問答を学習した後では「たぬきがお話をしている」「日頃の会話のように歌えた」と、たぬきと子どもになったそれぞれの子どもが、問答を楽しみながら遊ぶ姿が窺えた。

また、問答を学習する前は「ルールを覚えてくれなかった」「泣いた子もいた」と、園児に対しての接し方や説明の仕方で悩んだり、とまどったりする姿が見られたが、問答を学習した後では「問答を知っていたので簡単に説明ができた」と、話す口調にも気をつけ、動作も入れながら分かりやすく説明する姿が見られた。ここでは、園児に対しての接し方や説明の仕方で、とまどい困る姿から、積極的に働きかけ交流を楽しむ姿が見られた。

さらに、問答を学習する前は「うまく教えられなくって、楽しくできなかった」と、何をどう教えたらよいかわからずに悩む姿が見られたが、問答を学習した後は「問答を知ったら説明もきちんとできて、幼稚園児と楽しく交流できた」と、問答を意識しながら、自信をもって教える様子が窺えた。ここでは、子どもの内面が、「不安」から「自信」へと変容し、満足感や成就感だけでなく自己肯定感も育むことができたと言える。

このように、音楽科の学習を核とした幼稚園児とのわらべうたの交流は、音楽科の「問答の理解」という学習のみならず、コミュニケーション能力や自己肯定感の育成に有効な方法の一つであると言えるだろう。

6 「わらべタイム」小学校異年齢児交流

昔も今も子どもたちは生活の中でいろいろな遊びをしている。学校に登校してきた子どもたちの朝一番の会話の中に次のような声が聞かれる。「昨日あの場面クリアしたよ」「あの場面どうやったら次に進めるん？」家で遊んだゲームの話である。日記にも、「友だちの家でいっしょにゲームをして楽しかった」と書いてくる。

このように、現在、子どもたちの家庭における遊びの中でゲーム機を使った遊びの占める割合は高い。では学校での遊びはどうか。本校では、運動場でのサッカーが年間を通じて人気である。その他、ドッジボール、鬼ごっこ、遊具を使った遊びをしている。

ひと昔前は、近所の子どもが空き地に集まって遊ぶという光景が見られた。学校ではなく家の近所で遊ぶとすれば、同年齢の子どもだけで遊ぶことは難しく、きょうだいが付いて来たり、異学年の子どもが集まったりする。その中では、全員で同じ遊びができるか否かが問題になり、同じ遊びをするために、年下の子どもにはその子だけのルールを作るということがなされた。このように、異年齢集団では、遊びの中で知らず知らずに小さい子への配慮を身に付けていったと考えられる。

現在では、家庭での子どもたちを取り巻く環境の変化に伴い、近所で集まって遊ぶことが少ない(1)。そこで、学校教育では意図的に異年齢の子どもたちを交流させる活動を取り入れている。異年齢集団活動、幼小連携事業などがそれに当たる。

本校では、わらべうたを歌って遊ぶ機会を増やすために、「わらべタイム」の活動を行っている。これは、集まって歌い遊ぶことが少なくなったわらべうたを子どもたちの生活に復活させる取り組みである。

学校生活の遊びの中に、異年齢集団でわらべうた遊びをする機会を意図的に設定した。わらべうた遊びは、遊び方が簡単でだれにでもでき、繰り返し遊ぶという要素がある。また、一人でできるものもあるが、何人かでいっしょにするものが多く、わらべうたで遊べば、必然的に人とかかわることになる。学校で行う「わらべタイム」によって、わらべうたに親しませるとともに、異年齢の子どもたちを交流させながら子どもたちの社会性も伸ばしていきたいと考えている。

○「わらべタイム」の概要

① 方法

・毎週火・木曜日の十五分間ある業間休みに「わらべタイム」を開き、「わらべうた遊び」をする。全校の子どもが参加できるよう、毎回の参加対象学年を指定する。対象学年は［低学年］［中学年］［低学年と高学年］［全学年］でローテーションを組む。

・わらべうたの内容は、季節や子どもたちの実態を考慮して決める。

・あくまでも自由参加とし、強制はしない(2)。

② 場所

一階オープンスペース（人数により多目的ホールを利用することもある）。

③ 実践に用いたわらべうた

二〇〇九年度第二学期は、お手合わせを中心に行い、《十五夜さんのもちつき》《はやしのなかから》《おちゃらか》で遊んだ。《はやしのなかから》《おちゃらか》はお手合わせとジェスチャー、じゃんけんという三つの遊びが盛り込まれている。歌いながらこの三つをリズミカルにこなすには、繰り返し遊ぶことが求められ、子どもたちは夢中になる。《十五夜さんのもちつき》はお手合わせでも二人の動きが拍とリズムに分かれるため、難易度が高くなる。しかし、季節の歌として扱ったため、こちらを先に遊んだ。

一年生の中で《おちゃらか》を幼稚園の時に経験している子どもはすらすらできるが、半分くらいの子どもが初めて遊ぶことになった。そこで、この《おちゃらか》を介した異年齢児交流の様子について観察した。

(1) 《おちゃらか》の伝え合い

《おちゃらか》を初めてする子どもは、じゃんけんの一回目まではすぐできるようになるが、その後がリズミカルに続かない。Fさん（一年生）もじゃんけんのところで止まっていた。一一月五日の「わらべタイム」で、四年生といっしょに遊ぶうちにだんだんと《おちゃらか》が長くできるようになった。もともと社交的なFさんは、それ以降、暇があれば、教室で友だちを誘って《おちゃらか》で遊び、三人、五人、一〇人といっしょにやる人数を増やしながら、楽しんで遊ぶ様子がみられた。

「おちゃらか」は、しっているおともだちともっとなかよしになれるから、たのしいです。それに、ふれあいもできるし、しらないおともだちでもともだちになれるからおもしろいです（一年F）。

Tさん（一年生）は、これまで誘ってもあまり「わらべタイム」に参加しなかった。

一一月一九日、一人でいたところを誘い、五年生と《おちゃらか》をさせてみた。一人遊びが多かったTさんも時々「わらべタイム」に参加するようになった。FさんもTさんも妹や弟がおり家でもいっしょに《おちゃらか》で遊んでいるらしい。一二月になると、一年生の教室からは《おちゃらか》を全員で遊ぶ大きな歌声がよく聞こえてくるようになった。

五ねんせいと「おちゃらか」をして、おもしろかったです。はじめてだったけど、できるようになってうれしかったです（一年T）。

一年生といっしょにわらべうたを楽しんだ上級生は次のように思いを綴っている。

私は一年生とわらべうたあそびをして、楽しいなぁと思いました。初心者の子には、かんたんと思うようになるまで教えてあげたいと思います。おちゃらかはひさしぶりにやったので、楽しかったです。また、わらベタイムに参加して一年生としたいです（四年A）。

一年生とわらべうたあそびをして、楽しかったし、いろいろな人の個性がとてもよく分かりました。また、あらためて、こういうわらべうたでも一年生と仲良くできるのだなぁと思いました。私はふだん、体育館や運動場で遊んでいるけれど、一年生のやる気をみると、私も元気をいっぱいもらいました。一年生のみんな、またいっしょにあそぼうネ（五年M）。

(2) 「わらベタイム」から広がる交流

一人遊びを好むOさん（四年生）は、普段の休み時間は一人でぶらぶらしていることが多い。しかし、「わらベタイム」には三年生の頃からよく参加している。はじめの頃は一人で大きな声で歌い、いっしょに遊んでいる友だちに嫌がられたり、遊びに集中できずいつの間にかふらっといなくなったりしていた。四年生になってからは、一年生とよく遊び、知っている遊びを優しく教える姿が見られるようになった。《おちゃらか》も三年生のときは、あまり上手くできていなかったが、一年生と遊ぶうちに上手にできるようになった。ある日の昼休み、購買委員のOさんは、跳び縄を買いに来たが売り切れで買えなかった一年生に入荷予定日を伝えようと、わざわざ教室まで来てくれた。また、掃除の時間、掃き掃除をしていた一年生の一人一人にちりとりを優しく手渡すという光景も見られた。

これまで、一人でいることが多かったOさんだが、「わらべタイム」を通じて一年生と自然にかかわるようになり、上級生としての思いやりのある行為がたくさん見られるようになった。

(3) わらべうたが育てる自尊感情

Kさん(一年生)は、仲の良い友だちが外へ遊びにいっても、必ず「わらべタイム」に参加する。一学期から一番多く参加している子どもである。わらべうた遊びが得意で、帰りの会でも「今日はわらべタイムで《お手ぶし》をして、楽しかったです」と、大きな声で発表する。《おちゃらか》も人一倍速くできるので、他の一年生に教えてくれるように頼むと、次々に友だちの手をとって《おちゃらか》をしていた。「○○さんができるようになったよ」と逐一報告に来た。

Gさん(三年生)も二年生の頃からよく参加する子どもの一人である。教室での学習には特別支援を要する子どもだが、歌うことが好きで、わらべうた遊びも上手にできる。一二月三日、一年生と《おちゃらか》をした。Gさんの《おちゃらか》はとても速いので一年生は驚いていたが、Kさんは「すごくはやくして四年せいや三年せいとやったから、たのしかったです」と綴っている。Gさんは、学童保育でもこの一年生たちとよく遊んでいる。

《おちゃらか》は、お手合わせにじゃんけんやジェスチャーという要素が加わることで、他のわらべうた遊びに比べると複雑な遊びになっている。そのため、リズミカルに速くできるようになるには、繰り返しこの遊びを経験しなくてはならない。Kさんや Gさんは自分の経験をもとに未経験の友だちに教えたり、経験の浅い友だちを誘っていっしょに遊んだりした。遊び方が上手と他の子どもたちに認められることにより、わらべうた遊びに対する意欲を高め、友だちを《おちゃらか》の遊びに引き込んでいき、いっしょに遊べるようになった喜びを味わっている。わらべうた遊びを通して自分自身のよさを感じ取り、そのよさをもとに他者とかかわることができたといえる。

(4) 異学年交流への発展

一年生は「わらべタイム」では、上級生に遊んでもらうことが多いが、幼稚園との交流では、自分たちがリードして遊ぶことができた。どうやったら上手く遊び方を教えられるのか考えながら、普段「わらべタイム」で自分たちが上級生から教えてもらっているように幼稚園児の手をとってゆっくりと教える姿が見られた。また、二学期に《おちゃらか》をして、上級生になったら自分も下級生に教えてあげたいと考えている子どももいた。

きょう、ぼくは、ようちえんにくじらぐものよみきかせにいきました。いうときは、ちょっとどきどきしたけど、おわると、ほっとしました。そして、そとに出て、ちょっとあそんで、ようちえんのみんなと「十五やさんのもちつき」をしました。できるかなとおもっていたけど、できたので、うれしかったです(一年H)。

「おちゃらか」をいっしょにした四年せいは、しっている子ばかりだったけど、いつもよりたのしかったです。二年せいになったら、しらないおともだちにおしえてあげたいです（一年W）。

○考察

「わらべタイム」の実践では子どもたちの次のような姿が見られた。

わらべうた遊びを教え伝えることを通して、できない子にはどのようにしたらできるようになるか考えて教えようとし、できるようになった時には共に喜んでいる。また、自分ができるようになったわらべうた遊びを人に教えることで、自尊感情を高めている。

異年齢間の交流は「わらべタイム」を越えて学校生活のさまざまな場面で見られるようになり、人に対するいたわりや思いやりの心が感じられるようになった。自分がされてよかったことは人にもしていこうとする態度が育ちつつある。

これらのことから、わらべうたで遊ぶことで、子どもはさまざまな人とかかわりながら社会性を高めることができると考えられる。

学校教育のみならず、社会全体で人間のコミュニケーション能力の育成が必要とされている時代である。五年生のMが綴っているように、わらべうたは子ども同士、また、成長すれば、大人と子ども、親子でかかわるための媒介と成り得ると考える。

7 《さらわたし》高齢者「子育て支援講座」（大学）

ここでは、シニアワークプログラム事業の一環として大学が依頼を受けて行った「子育て支援講座」での実践を報告する。この講座は、雇用・就業機会を希望する高齢者が子育て支援に関わる知識や技能を学ぶものである。今回の講座の参加者は、六〇代二五名、七〇代五名であった。

これまで高齢者を対象に講座を行ったことが何度かあるが、わらべうたを扱ったことはなかった。今回わらべうた《さらわたし》を教材にしたことで、今までの講座と全く違った空間ができるという体験をした。参加者全員が童心に戻ったように賑やかに笑い、はしゃぎ、まるで古くからの知り合いのようなコミュニティ空間が広がった。合唱の講座でも同じようなことはあったが、今回はそれとは空気感が違った。なぜこのような空間が形成されたのだろうか。

今回実践した《さらわたし》は、一人ではなく複数の集団で遊ぶこと、つまり人と関わり合うことで成立するわらべうた遊びである。《さらわたし》は、鬼が中心に立ち、それを囲むようにして他の数人が輪を作って行う「鬼遊び歌」で、鬼以外の者は全員が歌に合わせて同じ動きをする。

遊び方は、「さらわたし、さらわたし」と歌いながら、鬼に分からないように小さな物（宝物）を人から人へと渡していき、歌が終わると鬼は宝物を持っている人を当てるという遊びである。「鬼のいないうち」の部分では鬼は目隠しをしなければならないため、外輪の人たちの微妙な声の変化や気配をくみ取ることで宝物の行方を想像して当てなければならない。

《さらわたし》は、みんなで歌に合わせて同じ動きをする一体感の楽しさだけでなく、鬼にみつからないように宝物を渡す（鬼は宝物の行方を当てる）という鬼との関係性から生み出される独特の緊張感が最大の魅力となっている。

⑴ 呼吸を合わせることから生まれる一体感

初めて《さらわたし》で遊んだ時、歌に合わせて宝物を両手で持つ→隣の人へ宝物をわたすという動きをスムーズにできない人が半数程度いた。特に、「鬼のいないうちに」と歌いながらタイミング良く隣の人に渡す、ということが難しい様子だった。

そこで、まずは宝物を持たずに歌に合わせて隣の人の手のひらに触れる、ということから始めた。動きと歌を合わせることができるようになってから実際に宝物を渡して遊んだ。歌に合わせて宝物が右回りに渡ったり、左回りに渡ったりすることがみんなとても楽しい様子で、動きと歌とリズムをタイミングよく扱うことができるようになると、アクセントが感じられるような歌になっていった。その際、宝物が自分の手の中に入ってくると顔の表情がぱっと明るくなる人、にっこり笑ってうなずく人、知らないふりをする人など、宝物を受け取る際、それぞれが豊かな表情をしていた。

遊びが慣れてくるにつれ、「今宝物はあの人がもっているだろう」という推測が自然に行われるようになり、遊びそのものを楽しむ姿が見られた。うまくできるようになってくると、「タイミングがうまく合ったらス～っとしますね」、「うまく歌に合わせたら渡しやすいんですね」と言いながら、みんなでいっしょに身体を揺らしながら動きを歌に合わせ、心地よさを感じているようだった。

このように、宝物をうまく移動させようという共通の目標に向かって、自然に呼吸（拍）を合わせるようになり、その結果、みんなで同じ動きをするという心地よさが一体感を生み出したといえる。

(2) 気配を感じ取ることから生まれる社会性

《さらわたし》の遊びの醍醐味は、鬼が宝物の行方を当てるところにある。歌に合わせて宝物を隣の人に渡すことができるようになった後、鬼の役割を登場させたところ、今までの楽しいコミュニティの雰囲気が一気に緊張感のある空気に変化した。

鬼役は、宝物の在りかを当てるために一生懸命宝物の行方を追い、拍を数えて宝物の在りかを推測しようとした。例えば鬼役のHさんは、「さらわたし」（目をあける）の歌の部分では、身体を揺すって外輪の人たちの声の調子や微妙な動きに意識を傾け、宝物の行方を拍と同期させてカウントしていた。そして「鬼のいないうちに」（目をつぶる）部分になると、頭を上下に振りながら拍を数え、声の調子や気配を感じ取って宝物の行方を推測した。

外輪役のIさんは、宝物がどこにあるかみつからないように仲間に目配せをしたり、顔や声の表情を微妙に変化させたりして身振りを工夫した。Iさんは隣の人だけでなく、外輪の人全員にあたかも「宝物がどこにあるかわからないようにしましょうね」と伝えるかのような気配を醸し出していた。「いつ自分に回ってくるかわくわくしてました」「自分に回ってきた時は本当に緊張しました。もし私が持っていることを見破られたらみんなに悪いから、知らん顔で歌うのが必死でした」との言葉には、宝物が回ってくることを待つ楽しさや自分に出番が回ってくるまでのわくわくした期待感と自分に番が回ってきたときの嬉しさが表れている。

全員の緊張感が頂点に達したのは、鬼が外輪のメンバーが共有しているヒミツを当てる瞬間であった。鬼が答えを言う場面では、宝物の在りかを当てても当てなくても鬼も外輪のメンバーもいっしょになって大笑いし、大喜びする姿が見られた。

鬼役が登場したことにより、声の表情やしぐさなど、互いの気配を感じ取るようになり、それが新たな一体感を生み出した。その結果、遊び自体もこれまでのように単に歌に合わせて動く楽しさとは異なる、より緊張感のある楽しい遊びへと変化した。

○考察

《さらわたし》の遊びは、歌に合わせて宝物を人から人へ渡すという共通のルールに加えて、鬼が宝物の行方を当てるというゲーム性が特徴である。外輪の人たちが宝物を上手に隣の人に渡すということを成功させるためには、みんなで呼吸（拍）を合わせることが必要不可欠になる。呼吸を合わせるためには、みんなで身体を揺らして同じ動きをつくることが行われたが、この動きによって自然とノリが生まれ、拍が合うようになり、大事な宝物を落とさずに隣の人に渡すことができるようになった。

さらに鬼役の登場により、単に歌を合わせるだけでなく、互いの気配（声の表情、しぐさ、アイコンタクト、動きなどの非言語コミュニケーションが生み出すもの）を感じ取るようになった。気配という見えないコミュニケーションがそこに生み出されたことによって、コミュニティ全体に適度な緊張感を与えたのではないだろうか。この緊張感が、鬼が宝物の行方を予測して言った途端に緩むことで、「当たった」、「外れた」と言って和やかなムードがわきあがったと考える。

音楽に合わせて移動する宝物がコミュニティをつなぎ、互いの気配を感じ取ることによって成立するゲーム性が「緊張―緩和」の対比を作ったことで、楽しさの相乗効果を生み出したのではないかと考える。このような楽しさの共通体験が、人と人をダイナミックにつなぎ、参加者全員が笑い転げるコミュニティ空間を形成したのではないだろうか。

8 《あぶくたった》小学二年生

《あぶくたった》の楽しさの一つは演技があることである。たとえば、遊びの前半は、お風呂に入ったり歯を磨いたりするような生活の様子を演じながら遊ぶ。そして、後半は、「トントントン」「何の音?」と鬼と子どもの問答の中で、鬼は動物やおばけなどになりきって「トントントン」と音を出す。このように、《あぶくたった》は、演じることそのものが遊びとなっており、それがこの遊びの魅力でもある。

今回は、特に後半の鬼と子どもの問答に焦点を当て演じることを意識させた。問答に焦点をあてることで、鬼はおばけのときには相手を怖がらせるような声や動きで表現したり、子どもは怖がる様子から「何の音?」を恐る恐る聞いたりするなどの姿が見られるだろう。つまり、鬼と子どもの問答という遊びの中で、子どもたちは今まで以上に演じることを意識するようになると思われる。

このように、遊びの中で「演じる」ということに重点を置くことによって、より創造的な表現が生まれ、《あぶくたった》の遊びそのものも豊かになると考えた。

○授業の概要

指導内容:問答

指導計画:〔経　験〕《あぶくたった》を歌って遊ぶ。

〔分　析〕問答をするときとしないときを比較聴取し、それらの違いを意識する。

〔再経験〕鬼と子どもの問答の中で、生活経験にもとづいたイメージを動きや声で表し、《あぶくたった》で遊ぶ。

〔評　価〕問答についてアセスメントシートに答える。

(1) 遊びの中に子どもたちの生活が登場するということ

《あぶくたった》の遊びの中で、多くの子どもたちが自分で歌詞や動きをつくって遊んでいた。では、子どもたちはどのような歌詞や動きをつくっていたのだろうか。《あぶくたった》のもとの歌詞は次の通りである。

(遊びの前半)
あぶくたった煮えたった　煮えたかどうだか食べてみよ　ムシャムシャムシャ　まだ煮えない（二回繰り返し）
お砂糖ドンドン　お塩をドンドン　グルグルグルっとかきまぜて　戸棚に入れて鍵をかけてガチャガチャガチャ　おうちに帰ってご飯を食べてムシャムシャムシャ　お風呂に入ってゴシゴシゴシ　お布団しいて　寝ましょ
(遊びの後半)
トントントントン　何の音？　風の音　あぁよかった　トントントントン　何の音？　……　おばけの音　キャー

① 遊びの前半部分

たとえば、Fさんは「ごはんを食べてムシャムシャムシャ」の歌詞を「ラーメン食べてつるつるつる」と変えていた。そして、左足一本で立って右足は曲げてあぐらをかいているようなまねをし、左手をお椀に右手をお箸に見立てて、ラーメンをつるつると食べている様子を嬉しそうに演じた。また、Hさんは「お風呂に入ってゴシゴシゴシ」の歌詞を「バラ風呂入っていい湯かげん」と変えていた。両膝を曲げて肩まで湯船につかっている様子を表し、両手は頭の上に置き頭に載せたタオルを表現した。このように、次々と歌詞や動きを変えて、遊びを楽しむ子どもの姿が多く見られた。

では、このようなFさんやHさんの表現はどこから生まれているのだろうか。Fさんに、なぜ歌詞を変えたのか尋ねると「私は、ラーメン大好きやからごはんよりラーメンの方がいいねん」と答えた。また、Hさんの話では、家族でよくスーパー銭湯にいくそうで、Hさんはバラ風呂が気に入っているということだった。つまり、FさんやHさんは、生活の中で好きなことを遊びの中に取り入れて演じていた。

② 遊びの後半部分

鬼と子どもが問答するところで、Oくん（鬼役）は次のようなやりとりをした。

① （鬼）「ヒュー」（子ども）「何の音？」（鬼）「風の音」（子ども）「あぁよかった」
② 「ドカーン」「何の音？」「家がこわれた音」「あぁよかった」
③ 「トントントン」「何の音？」「どろぼうが入ってきた音」「あぁよかった」
④ 「ウホウホウホ」「何の音？」「ゴリラが家に入ってきた音」「あぁよかった」
⑤ 「ヒュ〜ヒュ〜」「何の音？」「おばけの音」「キャー」（子どもは逃げ、鬼が追いかける）

まず、Oくんは「トントントン」のところを、「ヒュー」「ドカーン」など、物や様子によって言葉を変えて表現した。つぎに、それらの言葉を声で表現するときに、さらなるOくんの創造性が見られた。①風の音は「ヒュー」と高い声で風が吹いている感じを出した。つぎに、②家が壊れた音は怒鳴るような低い声を出し、「ドカーン」の「ド」を力強く言うことで、家が壊れた感じを表現した。③は泥棒が入ってきたという設定だが、「トントントン」と明るい声を出している。まるで家族が帰ってきたように見せかけて泥棒が入ってくる。④ゴリラの音では、背筋を伸ばし「ウホウホウホ」と堂々と落ち着いた声で表現し、⑤おばけの音は「ヒュ〜」という言葉で表している。これは、風の音と同じ言葉だが、声の出し方が全く違う。おばけの音は、高く震えるような声で

「ヒュ〜」と繰り返し、最後の「おばけの音」は「お〜ば〜け〜の〜」とゆっくりと迫ってくるような低い声を出して、恐ろしさを表していた。このような表現は、Oくんがこれまでに聞いた風の音や迫ってくるようなおばけのイメージから生まれたと思われる。よって、風の音とおばけの音では同じ「ヒュー」という言葉でも表現の仕方を変えたのだろう。

以上のようにわらべうたの遊びの中で子どもたちが創り出す歌詞や動きは自分の生活に基づいたものが多い。そのような生活経験から子どもたちのいきいきとした表現が生まれているのである。

(2) 豊かな演技を生み出すわらべうた

《あぶくたった》の遊びの中で一番盛り上がるのは、鬼が「おばけの音！」と言った瞬間に鬼ごっこに変わるところである。子ども役はおばけが来るのを今か今かと緊張しながら待ち、鬼役はいつ「おばけの音！」と言うか、子ども役の様子をうかがいながら考えている。この緊張感こそが《あぶくたった》の魅力である。

Yくん（鬼）は、身体を少し前屈みにして両手を自分の顔の前まで持ち上げ、おばけの様子を動きで表現した。そして、ゆっくりとこちらに迫ってくるように「ヒュ〜ゥ、ヒュ〜ゥ」と不気味に声の高さを変えたり声を震わせたりしておばけの恐ろしさを演じた。小さな高い声で、おばけの不気味さを表現し、顔の表情も目つきを鋭くして怖い顔を演じていた。どきどきしながらおばけが来るのを待っていたAさん（子ども）は、両手で自分の身体を抱きかかえて恐る恐る「何の音？」と尋ねた。すると、Yくんは先ほどまでの声とはうって変わって大きく勢いのある声で「おばけの音！」と叫んだ。それは、思わず逃げてしまうような、迫力のある演技だった。

Yくんのおばけのイメージは、恐ろしく怖いものである。そのおばけのイメージを表現するために、身体を前屈みにして両手を顔の前まで持ち上げるという動きを考え、「ヒュ〜ゥ」という言葉や不気味な言い方を考えた。

このように、おばけの役になりきることで自然に、動き・言葉・リズムを一体化させた豊かな演技を見せたと言える。

○考察

子どもたちは《あぶくたった》で自由に遊ぶ中で、自然といろいろなものになりきって遊びを楽しんでいた。つまり遊びの場面ですでに子どもの演技は出てきていた。その演技性を備えた表現は子ども自身の生活経験から生み出されていた。

そのような子どもの姿を見過ごすことなく教師が取り上げ、その中でも鬼と子どもの問答に焦点をあてることで、役になりきってさらに豊かな演技を見せる姿もみられた。相手の存在によってさらに演じることを意識し、そのことが子どもの豊かな演技性を引き出したのだろう。これは身体のコミュニケーションによるものと考えられる。そしておばけやゴリラを演じることで非日常的な世界が繰り広げられ、子どもたちは遊びを通して日常世界と非日常世界をいったり来たりする楽しさを味わっていたといえる。

9 《たけのこめだした》小学三年生

三年生になり初めて学習する理科を子どもたちは、心をときめかせ楽しみにスタートする。また三年生では、仲間を意識し友だちとともに活動する楽しさも実感し始める。そこで、理科と音楽科を関連させ、《たけのこめだした》で遊んだ後、理科の観察体験を生かして仲間と歌詞をつくり、動きをつけて遊ぶ活動を設定した。具体的には、理科でのマリーゴールドやホウセンカの栽培・観察の直接経験で得た科学的な認識と感性的な認識によって歌詞づくりがおこなわれ、さらに動作化が生まれ、遊びが創造的で楽しいものになると考えた。

《たけのこめだした》のもとの歌詞は以下の通りである。

たけのこめだした　はなさきゃひらいた　はさみでちょんぎるぞ　えっさ　えっさ　えっささ

《たけのこめだした》の遊びは、掛け声と足踏みと腕ふりがいっしょになったじゃんけん遊びである。子どもたちは充分遊んだ後、実際に栽培・観察したホウセンカの歌詞や動きを自分たちでつくり始めた。では、どのように歌詞や動きをつくっていたのだろう。

○授業の概要

指導内容：フレーズの繰り返し

指導計画：〔経　験〕《たけのこめだした》のフレーズに言葉や動きをつけて歌って遊ぶ。

〔分　析〕《たけのこめだした》にはフレーズの繰り返しがあることを知り、それが生み出す効果を意識する。

〔再経験〕フレーズの繰り返しを意識し、観察したマリーゴールドやホウセンカのわらべうたをつくって遊ぶ。

〔評　価〕他のグループがつくったわらべうたを聴き、批評文を書く。

(1) 理科でのホウセンカとマリーゴールドの栽培と観察

子どもたちは四月に種をまいてから八月に種を採るまでの約四カ月間、ホウセンカとマリーゴールドを栽培し観察記録をつけていった。観察記録には小さな焦げ茶色の種からホウセンカの命が誕生することの不思議さや驚きや感動が綴られていた。歌詞づくりの表現の基になった箇所が随所にみられる。

例えば、Fさんは「ちょっと芽が出ていました。丸くなった芽の色は外が緑で中が黄緑です。すごく小さいのでみつけにくいです。早く大きくなってほしいな。花に種がどうやってできるのかな。種はどこからでてくるのかな。すごく知りたいです」と書き、さらに「私のホウセンカとマリーゴールドは元気ですくすくと育っています。ホウセンカの葉は前みた時は倒れてくねくねしていたけど、どんどん水をあげていくと倒れていたのも直ってとてもうれしいです」と記述していた。

また、Oさんは、種がはじける様子を「土からいっぱい根が出ていて根の上にジャングルみたいに葉っぱがいっぱい出ていました。そして、ホウセンカの種は自動であくので私はびっくりしました」と書き、数日後の観察では「ホウセンカを観察している時、前よりずっと大きくなっていることに気がつき、びっくりしました。茎のところに赤いとげみたいなのがありました。何かなと思いました」と記述していた。また、Mさんは「土から出た根は吸盤のついたたこの足のようでした」と記述していた。

このように、観察記録には、水をやるとくねくねしていた茎が真っすぐになったというような科学的な認識と、ジャングルみたいな葉っぱというような感性的な認識の両方がみられた。これらの認識は歌詞づくりの材料とされた。

(2) 直接経験を土台とした歌詞づくり

四班がつくった「きらきらホウセンカ」の歌詞は次の通りである。

一　ホウセンカ　水浴びた　太陽に　てらされて　きらきら　光ってる　もっと　水を　あげようね
二　ホウセンカ　種植えた　芽が出て　葉が出た　どんどん大きくなったね　つぼみが出て　花咲いた

三　ホウセンカの　葉が出て　どんどんきれいになってきた　つぼみは　まだねているね　花が咲いたら　こんにちは
四　芽はまだ　ねているね　ほうせんか　出てこない　芽がでたら　こんにちは　気持ちがいいね　晴れの日は

栽培中Fさんは、水やりを怠った時にホウセンカがぐったりとして倒れていて驚き、また水をやるとまたもとのように元気になり一安心した経験を一番の歌詞に表現した。さらに小さなつぼみがついた時「うれしくてそっと触ってみると毛がはえていて、ふわふわしていました」の体験は「つぼみはまだねているね」とイメージを持って感性的に捉えた表現となった。

また、Oさんの「花が咲いたら　こんにちは」では、「何色の花が咲くのだろう」と開花を心待ちにしている気持ちを表現し、「きもちがいいね　晴れの日は」では、みんなでホウセンカの気持ちになり、感情移入した表現になっている。

(3) フレーズに即した言葉の配分

歌詞をつくった後《たけのこめだした》の旋律にのって歌にしていった。そこに言葉の配分がうまくいかないという問題が生じてきた。

Uさんは最初の「ホーセンカ」の「ホー」と延ばした後は「センカ」と音を等分にした方が収まりがよいことに気づく。みんなも何度も歌ってみた結果、その方が段落感があって収まりが良いことを感じ取り、フレーズのまとまりを意識した。「はーながさいたらこんにちは」でも同様に、「はー」と延ばした後「ながさいたら」も音を等分にしてフレーズの中に収めフレーズのまとまりをつくった。そして、フレーズが反復されていることに気づいていった。そして同時に、フレーズの反復はホウセンカの生長を表すことに気づいた。

(4) 直接経験によるイメージの伴った動作化

太陽の光を浴びて土の中から芽を出したホウセンカの命を「どんどん大きくなったよ」「どんどんきれいになってきた」と表現し、また両手をふくらませ、その手を開きながら仲間が二人目、三人目と上に加わっていくことで生長の様子を動作化した。「ホウセンカの種植えた」の部分は一人が両手を開き、そこへもう一人がグーにして載せるようにし動作化を考えた。さらにOさんは「きらきら光ってる」の動作は両手を左右に動かしながら下から上へ動きをつけた。またUさんは「つぼみはまだねているね」では「寝ているように首を横むける」、「花が咲いたらこんにちは」では「横向けた首を起こそう」と考え、「気持ちがいいね晴れの日は」では「気持ちよさそうに首を起こそう」と提案した。

以上のように栽培・観察という直接経験が土台となってイメージを形成し、歌詞づくりや動作化が活発になり、自分たちの表現がつくり出された。また歌詞づくりや動作化では、仲間と共通の体験を基盤としてそれぞれの捉えを出し合い協働して歌詞づくりや動作化が行われ、仲間間の会話も弾んだ。

○考察

本実践を通して次の三点が明らかになった。①理科の観察における科学的な認識と感性的な認識が相互に作用しあってイメージが形成され、表現の土台をつくった。②クラスが栽培・観察という共通の経験をしたことで、イメージの伝え合いがなされ、歌詞づくりや動作化の表現を活発化させた。③自分の観察経験を発言したり友だちの経験を聞いたりすることで、仲間意識が高まった。

10　《らかんさん》小学三年生

《らかんさん》の楽しさの一つは、友だちの動きをよく見ながら、その動きを回していくときの緊張感や、動きをつないでいくときの一体感を味わうことができる点である。前半の「らかんさんがそろたら　まわそじゃないか」では、友だちと声を合わせいっしょに遊ぼうとすることができる。後半で反復される「ヨイヤサノヨイヤサ」では、らかんさんを特徴づける動きを回しながら友だちと遊びをつないでいく。らかんさんを特徴づける動きとは、例えばお腹がいっぱいになったらかんさんを満足げな表情と（大きく膨れた）お腹をさする動きで表したり、居眠りしているらかんさんを、目を閉じてこっくりと首を傾ける動きで表したりする動きである。らかんさんの様子を想像豊かに思い浮かべながら、友だちと一体となって動きを回し続けていくおもしろさが《らかんさん》の遊びの魅力である。

今回は「動きを回す」という遊びを繰り返すときの反復に着目し、自分のらかんさんをつくる活動を取り入れた。そのとき《らかんさん》の文化的側面についての学習を挿入した。具体的には、今も地域にある、人々がつくりだしてきたさまざまな羅漢像の写真を見せ、昔の人々の生活の中にらかんさんが根づき、崇拝や遊びを通して共に生きてきたという歴史的背景を伝えた。そして子どもたちに自分のらかんさんへのイメージや思いをもたせるように考えた。

○授業の概要

指導内容：反復

指導計画：〔経　験〕《らかんさん》を歌って遊ぶ。

〔分　析〕《らかんさん》で、「ヨイヤサ」が反復されていることを知る。

〔再経験〕自分の表現したいらかんさんをイメージし、そのイメージを絵に表したり、動きを考えたりしながら、グループごとに身体表現する。

〔評　価〕身体表現を発表し、反復についてアセスメントシートに答える。

(1)《らかんさん》で遊ぶ

まず指導者がリーダーとなり、指導者の動きをみんなで真似をする、少人数で動きを回す、クラス全員で動きを回していくという順で遊んだ。子どもたちは、自分が動きを回したり、つないだりすることができるか、ドキドキしたり、遊びが続いていくことのおもしろさを味わったりしていた。

(2) 昔の人々の生活に息づいていた「らかんさん」について知る

《らかんさん》に登場する「らかんさん」とは、もともと釈迦の弟子の一人で歴史上実在していたといわれている。日本では、江戸時代の中頃から全国で五百羅漢としてさまざまな羅漢像がつくられるようになった[1]。「らかんさん」と呼ばれて親しまれている羅漢像は、居眠りやあくびをしている「らかんさん」、お酒をついでいる「らかんさん」など、ユーモアあふれる個性的なものばかりである。どの「らかんさん」も釈迦の説法を聞いている行者の一人であり人々の崇拝対象となっているのだが、日本の人々は「えらいお坊様だって居眠りをすることがあるんじゃないかな」と、より身近な存在としてとらえ、さまざまな「らかんさん」を生み出してきた。《らかんさん》の遊び歌も同じ江戸時代に生まれたとされている[2]。

そこで「らかんさん」が昔の人々にどれだけ信仰厚く慕われ、生活に息づいていたのかを伝えるために、実際京都嵯峨野にある愛宕念仏寺の千二百体近くある羅漢像の中から約三十体の羅漢像の写真を子どもたちに紹介した。

子どもたちに紹介した羅漢像は、居眠りをしているらかんさん、音楽を聴いて笑っているらかんさん、猫といっしょに微笑んでいるらかんさん、楽しそうに肩を抱き合っているらかんさんなど、実に表情豊かであった。

またその手にはお酒の盃や笛を持っていたり、赤ちゃんを抱いていたりと、羅漢像をつくった人々の生活や思いが反映されていて、大変興味深いものであった。

「らかんさん」の石像の写真を一枚一枚紹介すると、大きな口を開けて笑っている「らかんさん」を見て「(よく笑っている)○○先生みたいや~」、ふっくらした体型で微笑んでいる「らかんさん」を見て「パパみたいに太っている!」など、その都度、子どもたちからはどよめきが起こり、ときにはそのユニークな表情に笑い声が起こるなど、教室中が一気ににぎやかになった。

このように「らかんさん」の実際の写真を見ることを通して、子どもたちは「らかんさん」の個性的な表情やしぐさに興味をもったり、身近な人とイメージを重ね合わせたりしていた。

また「昔の人々も音楽が好きだったのかなあ」「笑っているらかんさんを見て、昔の人々もいっしょに元気になろうとしたのかなあ」など、羅漢像がつくられた背景や込められた思いを想像していた。

(3)「らかんさん」の動きに今を生きる子どもたちの生活が反映される

①らかんさんの日常生活にイメージを膨らませるN児

「○○らかんさん」の○○にあてはまるイメージを交流するとき、N児は、「らかんさんもご飯を食べるんじゃないかな」という思いをもった。しかも、食事をするだけでなく、普段の生活を思い浮かべ、料理をしてから食事をする「お料理らかんさん」というテーマに決めた。自分たちのらかんさんを動きで表すとき、N児は「お料理らかんさん」を、エプロンを着ける→フライパンで調理する→味つけをする→食べるという動きで表した。これは、普段家庭でお母さんがやっている動きを参考にしたということだった。

②楽しいお祭りの思い出から「らかんさん」の発想を得たD児

一方D児は、地域で参加しているお祭りを思い浮かべ、「らかんさんといっしょにお祭りをしたらどうなるかな」と発想し、「お祭りらかんさん」というテーマに決めた。D児は「お祭りらかんさん」として、はっぴを着る→ねじりはちまきをする→踊る→踊るという動きをつくり出した。これは自分がお祭りに参加したときのことを思い浮かべながら、お祭りの特徴のある動きをつないでいた。

○考察

このように「らかんさん」の文化的側面についての学習を通して、それまで石像に個性的な表情や動きがあるとは思ってもいなかった子どもたちは、その表情や動きの豊かさに驚き、身近な人とイメージを重ねながら親しんでいた。それぞれの羅漢像に込められた思いや背景にある人々の生活に思いをはせた子

どもたちは、自分の「○○らかんさん」をつくり出す活動で、自分の生活経験に基づいて○○にあてはまるイメージを想像していた。そして、自分の「○○らかんさん」を動きで表す場面では、生活経験を基に、反復という形式にのせて豊かにストーリーを展開し、ユニークな動作が表現される結果となった。いずれもお料理やお祭りなど、子どもたちの生活経験が背景にあり、らかんさんを自分にあてはめながら反復のもつ連続性にのせてつくり出したものばかりである。

11　《なべなべそこぬけ》小学四年生

《なべなべそこぬけ》は向き合って手をつなぎ、「かえりましょ」で手をつないだままその下をくぐって背中合わせになる「からだあそび」である。このうたの遊びのおもしろさは、人が増えていくに従って、手を離さないようにしながらつないだ手の下をくぐって背中合わせになるのが難しくなるところにある。いかにして手を離さずに全員が背中合わせになるかというところにおもしろさがある。

今回は、遊びのイメージをもちながら、この曲に箏で前奏を自分たちでつけることによって新たな表現をつくりだす学習を行った。旋律はファソラの三つの音でできているため、箏では六七八の弦だけで簡単に演奏することができる。箏との音遊びから、知っているわらべうたを音を探しながら弾く活動を通して、初めて箏と出会った子どもたちでも、旋律奏、ピッチカート奏による伴奏、そしていろいろな奏法による前奏が簡単に演奏できる。このことは子どもたちに驚きとうまく弾けたという満足感を与えるであろう。一面の箏に三人グループで座り、旋律と二の弦をつかったピッチカートの伴奏に、遊びのイメージに合う前奏を協力してつくるところにどう創造性が発揮されているのかをみていく。

○授業の概要

指導内容：形式／始め方

指導計画：〔経　験〕《なべなべそこぬけ》を歌って遊び、ピッチカート伴奏をつけて旋律を箏で弾く。《なべなべそこぬけ》の前奏をつくる。

〔分　析〕曲の始め方に焦点を当てて、二つのグループのつくった前奏を聴き比べる。

〔再経験〕イメージにあった前奏の弾き方を工夫して演奏する。

〔評　価〕始め方についてアセスメントシートに答える。

(1)　わらべうたで遊ぶ子ども

四年生になってすぐにいろいろなわらべうたで遊んだ。《なべなべそこぬけ》は多くの子どもたちが知っているわらべうたであった。初めは二人組で遊んでいたが、「四人組でやってみよう」「八人組で」と人数を増やしていくと、腕がねじれて「ひっくりかえれない」状況になった。うまくできているグループの方法を見せると「どこか一つのところをくぐればいいんだ」と気づき、だんだん人数を増やして背中合わせになることを楽しんでいた。

(2)　箏との出会い――旋律の探り弾き

初めて箏に出会った子どもたちは、何も言わなくても箏の前に正座し緊張の面持ちであった。そこで、自由に箏にさわる時間をとり、気づいたことを発表する場を設定した。指ではじいたり、つまんだり、グリッサンドをしたりする姿が見られた。また、箏柱の左右の音を聴き比べている姿もあった。「和風の旅館の感じがする」「なんか日本〜って感じ」「ドレミファソに並んでない」「一の弦になるほど弦がふるえてひびく」「弦をおさえるとふるえが止まる」などの発見が出された。その後、親指だけに爪をはめて弾いてみると「なめらかに弾ける」「爪がうまくあたらないと音がでない」など見つけていた。この時にいろいろ試すことが、後の創作でいろいろな奏法を見つける布石となった。

箏は民謡音階（レソラドレファソラドレファソラ）に調弦する。二音から四音でつくられているわらべうたは、ほぼ隣り合った弦を弾くことになるので誰でも簡単に演奏することができる。そこで、指導者が初めから音を教えるのではなく、自分たちで歌をたよりに音を見つける活動を行った。子どもたちは七の弦や為の弦から《なべなべそこぬけ》を弾くことを見つけた。また、その旋律奏に二の弦で「ソ・ソ・ソ・ソ」という爪をつけずに指ではじくピッチカート伴奏を入れることを提案し、二人で協力して弾けるようにした。

(3) 遊びのイメージを生かした前奏づくり

旋律奏ができるようになった後、《なべなべそこぬけ》の前奏をつくる活動に入った。子どもたちは、爪で弦をひっかくようにしてこする、二本の弦をいっしょにはじく、じゃらら〜んとグリッサンドをたくさんする、などいろいろな奏法を試していた。

一班は「明るく楽しく」という感じを表すために、七の弦をはじいてだんだん強くして弾いた後、一の弦までグリッサンドのようにすべらし、そこから巾の弦まで戻ってきた後、巾から一の弦までゆっくり一音ずつ弾いていった。《なべなべそこぬけ》の部分は、一人が旋律を弾き、後の二人はそれぞれ二と一の弦を交互に指ではじいて「ソレソレ」という二音の伴奏を入れていた。周りからは「めっちゃうまいやん」という声があがった。

一〇班は、「にぎやかで楽しく遊ぶ」感じを一人が巾から一、六から一、巾から六というように場所を変えてグリッサンドで弾いている間、向かい側に座った子どもが両手で一の弦から六の弦までつまんではじき、また一まで戻ってくるという弾き方をしていた。最後には、グリッサンドをしていた子どもが二の弦をボンとならして前奏が終わるというようにした。

(4) 日本伝統音楽のリズムを引き出す日本の楽器

四班は、「遊んでて飽きたから別の遊びにいこうとする」様子を表すために巾の弦を「タンタンタンタンタンタンタンタン」とだんだん速く鳴らし、最後に一の弦で「タン」と一回鳴らすようにしていた。はじめ六の弦と八の弦をいっしょにはじくことを試していた三班も、「楽しくにぎやかで、ちょっと速くなっていく」ようにするために、一人目が四の弦と五の弦、二人目は六の弦と七の弦、三人目が巾の弦と為の弦をそれぞれ交互に「タンタンタンタンタンタン」とだんだん速く弾き最後はじゃらんと三つの弦をすべらせて終わるという奏法を見いだしていた。このような演奏は、歌舞伎の始まりや終わりに拍子木の打ち方を漸次加速し、最後に一回タンと打つリズム形に通じるものである。

○考察

前奏をつくるはじめの頃は、じゃららら~んと何度もグリッサンドすることを楽しんでいたが、そのうちにはじく、つまむ、こするといった奏法を見つけていった。

《なべなべそこぬけ》など、わらべうたで遊んだ経験からたくさん人が集まってくる、楽しく遊ぶという楽しげな様子やにぎやかな様子を一人一人の子どもがイメージすることができていたため、「このにぎやかさを箏で表してみたい」という欲求が生まれてきたのだと推察される。

一つの音やグリッサンドをくり返している子どもは、だんだん速度を速くしていく傾向が見られた。これは、日本伝統音楽によく使われる漸次加速リズムであり、加速した後にゆっくりと大きく一打して一区切りにして終わることが多い。子どもたちは自然とその奏法を用いていた。このことは、わらべうたという素材と箏という日本の楽器が子どもたちの中に潜んでいる日本伝統音楽のリズムを引き出したことを示しているといえよう。

また、初めグリッサンドだけで「にぎやかな感じ」を表そうとしていた一〇班が、中間発表の交流後には、グリッサンドのくり返しに一音ずつ順に弦をつまんではじく音を重ねることで、さらににぎやかさを出すなど、イメージを表現するために異なる奏法を組み合わせるという創造的な工夫がでてくるようになった。結果、班ごとにさまざまな弾き方や重ね方の前奏が生まれた。

子どもたちは遊びを広げていくような感覚で前奏づくりを工夫していた。箏と直接かかわりながら構成活動を行う中で、わらべうたで遊んだときのにぎやかな記憶やそれを表すにふさわしい日本伝統音楽の漸次加速リズムが発想され、それらを生かした作品を完成させたといえる。

12 《一羽のからす》小学五年生

《一羽のからす》は縄跳び歌である。このうたの遊びのおもしろさは、一、二と数え歌に合わせてリズムよく順に縄に入り、四人がひっかからないようにして「一ぬけた、そら二ぬけた」で順にぬけていくところにある。縄に入った人がひっかからないようにするためには、入る人がリズムよくそろって跳ぶことと回す人もリズムよく回すことが大事である。

今回は、人が順に加わっていくという動きを「音を重ねる」という演奏の工夫へと発展させるというアンサンブルの学習を行った。《一羽のからす》では数え歌に合わせて一人ずつ大縄に入っていく。この動きは小節やフレーズごとにずれて音が加わっていく音楽の形式にもよく見られる。また、ずれた音が重なる様子は、音楽のテクスチュアの要素にもかかわってくる。

そこで、この動きを視覚的に表すことで順次加わっていく重なり方に着目させ、音を重ねてリズム伴奏をつくるという活動へ進めていった。跳んでいる人が増えていくという目に見える動きと、音が次々に増えて重なっていくという音楽の仕組みから「音の重なり」を知覚・感受させたいと考えた。

○授業の概要

指導内容：テクスチュア
指導計画：〔経　験〕《一羽のからす》を歌って遊び、人の動きを音で表す。
〔分　析〕重ねた音を聴き合い、重ね方の違いを意識する。
〔再経験〕《一羽のからす》の歌に合ったリズムオスティナートを重ねて演奏する。
〔評　価〕音の重なりについてアセスメントシートに答える。

(1) リズム打ちをする中でノリが生まれる

《一羽のからす》に重ねるオスティナートのリズムをクラスで次頁のように決めた。

リズムパターンの重ね方は、跳び縄で遊ぶときと同じように順に重ねていき、順に抜けて終わっていくというようにした。まず、手でリズム打ちをするところから始めた。子どもたちはグループで、リズムを打つ子、歌を歌う子というように役割を分担して歌にリズムパターンを重ねていった。

リズムに慣れないうちは他のリズムにつられるなど合わせるのに苦労していたが、「コケコッコ、コケコッコ」

とリズムパターンを歌いながら重ねているうちに、「一羽のからすがカーアカァー」〃あー〃「二羽のにわとりコケコッコ」〃あーよいしょ〃などと自然と合いの手が入り始めた。子どもたちはなわとび遊びのときに感じていたリズムの心地よさを、リズムパターンを重ねる場面でも生かし、あたかもその場で調子よく縄跳びを跳んでいるかのように自然と合いの手が入ってきたのである。

(2) 和楽器を選ぶ子どもたち

次にリズムパターンに合う楽器をグループごとに選ぶようにした。四班の子どもたちは「おじいさん（のリズム）は大太鼓」などやってみたい楽器を選ぼうとしていた。しかし話し合いで「それはエネルギーありすぎやろ」と「おじいさん」という言葉から連想するイメージを考慮して小太鼓を選ぶことになった。また、一班は、まず初めに和太鼓を選びカバサやすずと合わせていたが、音が大きく他の楽器の音が聞こえにくかったため、和太鼓の音量を下げるとともに、カバサとぼうざさらを同時に重ね「波のような感じとお祭りの感じ」を出そうとした。さらに、カウベルが当たり鉦の音色を連想させ、「お祭りの感じ」を引き出していた。

このように、子どもたちは初め、やってみたいという思いからボンゴや大太鼓など西洋の楽器を選ぶ子どもが多かったが、さまざまな楽器を試す中で、うちわ太鼓、当たり鉦、和太鼓、ぼうざさら、木魚といった和楽器を選び組み合わせていくグループが増えてきた。

(3) 合いの手を生かしたアンサンブルづくり

歌にリズムパターンを重ねられるようになったところで、中間発表を行い、気づいた点を交流した。三班の場合「②パートのうちわ太鼓と④パートの締太鼓の音が重なると同じように聞こえて、二つの楽器なのに一つの楽器のように聞こえるからおもしろくない」など音量のバランスや楽器の音色の組み合わせについて意見が出された。

そこで三班は、②パートを音の質の異なるタンブリンに替え、それまで②パートを担当していたうちわ太鼓で歌の調子に合わせて合いの手を入れるようになった。つまり、「一羽のからすがカーアカァー」〝トン〟「二羽のにわとりコケコッコ」〝ウットトン〟というように合いの手を入れてアンサンブルをするようになったのである。初めのリズムパターンにはなかった合いの手のリズムを入れることで「お祭りみたいな感じ」の《一羽のからす》へと変化した。

最終発表では、「よーお」というかけ声と「ポン」といううちわ太鼓と当たり鉦の入った前奏をつけ、「そら」のところで「よいしょ」というかけ声を跳びはねながら入れて演奏した。

○考察

《一羽のからす》の「カーアカァー」「コケコッコ」の言葉の抑揚とその後に位置する〝間〟から思わず「よいしょ」「あー」といった合いの手を入れてしまいたくなるのは、日本語を母語とし日本の風土に暮らす子どもたちならではの感性であろうか。また、《一羽のからす》の後半「そら　いちぬけろ」の「そら」はアウフタクトになっており、かけ声を入れずにはおられなくなるようである。それはなわとび遊びのときに「そら」の勢いで縄を回し、跳んでいる人はそのかけ声にのって縄の外へ出ていくという遊びの動作とも関係している。

このように間があると自然に合いの手を入れてしまうという感覚やなわとび遊びで獲得した動きの感覚が、その後のリズムづくりの中でも息づき、自然発生的に子どもたちの中から「合いの手」や「かけ声」という表現の形式として湧いて出てきたといえる。

さらに、歌のはじめに「よーお」「ポン（うちわ和太鼓）」とかけ声をいれるのは、能などの囃子方が鼓（つづみ）を打つときの所作に通じるものである。うちわ太鼓の音色とたたく動作が、自然と子どものなかに潜在していた日本の楽器の演奏法を引き出したと考えられる。

またアンサンブルをつくっていく際に、子どもたちは自発的に和楽器を選んでいった。それは日本の風土で生活する子どもたちの感性によってわらべうたに合う楽器の選択が為されていたからではないだろうか。一方、皮系楽器（太鼓など）と木系楽器（木琴や木魚など）、金属系楽器など、重なったときの音色を意識して異なった種類の楽器を組み合わせていた。音を重ねることによって楽器の音色を強く意識し、和楽器と西洋楽器の組み合わせ方を考える姿が見られたのだと考えられる。

リズムづくりや楽器の選択など、アンサンブルを構成していく段階のいたるところで、日本の風土で生活する子どもたちの感性が反映されることとなり、既存のリズムを重ねるだけの活動にとどまらす、合いの手を入れる、「よーお」「ポン」といったかけ声を入れる、などといった今までに使ったことの無い新しい手法が出てきた。

わらべうたという素材が、これまで創作の範囲になかった日本的な手法や音色を弾きだしたところに、子どもの創造性が発揮できる可能性をみることができる。

13 《十五夜さんのもちつき》小学三年生

《十五夜さんのもちつき》は二人組になり、つき手が基本となる拍を打ち、返し手が手を打ちながら、リズムを反復・変化させていく遊び歌である。二人で拍の流れを感じながら手を打たなければ、両者の手が当たってしまいうまく遊ぶことができない。そこに、この遊びのおもしろさがある。

子どもにとって「拍の流れ」を自分が感じていると実感することは難しい。しかし、自分と相手が違う動作をしているのに拍がぴったりと合う感覚が体験できたり、二人組がぴったりと合っている様子を見ることができたりすれば、二人が同じ「拍」を共有していることがわかるだろう。

子どもたちは何度も遊ぶ中で、自然とひざを曲げたり、首を振ったりしながら友だちとのお手合わせを楽しむだろう。うまくお手合わせができるようになるこつを視覚的手立てによってつかむ中で、拍がぴったりと合う感覚を体験させていきたい。拍に着目させ、遊びから学習につなげていくことで、また遊びの《十五夜さんのもちつき》のお手合わせが、楽しくなると考える。

○授業の概要

指導内容：拍の流れ

指導計画：〔経　験〕《十五夜さんのもちつき》を歌って遊ぶ。

〔分　析〕遊びでの拍を視覚的な手立てにより知覚・感受し、拍の流れを意識する。

〔再経験〕拍の流れを感じながら遊ぶ。

〔評　価〕拍の流れについてアセスメントシートに答える。

⑴ 教室でわらべうたを伝え遊ぶ

本来、遊び方や歌は遊ぶ中で覚えていくものである。ただ、今の子どもたちはわらべうたで遊ぶ機会が減っている。今回の《十五夜さんのもちつき》に関しても、「知らない」もしくは、「聴いたことはあるけど、どんな遊びか知らない」という子どもがほとんどであった。そこで、わらべうたを教えるところから始めた。

まず、黒板に歌詞を貼り《十五夜さんのもちつき》の歌を聴かせた後、餅つきのときの動作（つき手―返し手）をみんなで確認した。そしてまずはもちをつく「つき手」の練習をした。「お餅をぺったん、ぺったんとつく様に」と動作を交えながらいっしょにつき手の動作を行った。子ども全員が一度で覚えることができた。次に「返し手」の練習をした。「お餅を返す人もいるね」と言いながら、ゆっくりと動きを教えた。動きが変わるところは大げさに、そしてゆっくりと行った。子どもたちは「トッツイタ」の部分が気に入った様子だった。何度もお手合わせの練習をしていく中で、自然と歌いながらお手合わせをしていた。

二種類の動きを理解したところで、教師が返し手、子どもにつき手をさせ、見本を見せた。手が当たりそうで当たらない様子を見た子どもからは「すごい」「おお」と声があがると同時に、自分もやってみたいという意欲がわいてきた様子であった。そして隣同士ペアになって遊んだ。うまくいって歓声が上がったり、うまくできなくて何度も挑戦したりと、楽しみながらお手合わせを行っていた。

⑵ 遊びの中の拍を意識する

遊びに慣れた頃、歌詞を見ながら、どの部分で手を叩くのか考える場をとった。まずはつき手。子ども一人ひとり手を叩きながら、どの歌詞の部分で手を叩くのか確認させた。「トとテとトと…」「違う。テのところは叩かないよ」と、友だちの意見を聞きながら何度も手を叩いて確かめていた。みんなで確認し、叩く歌詞の下に○のカードを貼った。中には、手を叩かなくてもどの部分でつき手が手を叩くのか気づく子どももいた。返し手も同じように行った。先ほどのつき手の○カードの下に返し手の△カードを貼っていった。そのことにより、視覚的にどの部分で手を叩いているのか確認することができた（左図参照）。

	トッ	テ	トッ	テ	トッ	テッ	タ
つき手	○		○		○		○
返し手	△	△	△	△	△	△	△

そして、一定に刻まれているものが拍であること、その拍を二人が感じることでうまくいくことを伝えた。

そしてつき手、返し手、見る人に分かれ、「見る人」は二人がお手合わせをしている様子を観察し、うまくできているときの二人の体の動きに着目するようにした。その後、交流を行った。ＫくんとＭさんのペアは、Ｋくんは首を揺らしながら拍をとるなど、身体全体でしっかりと拍にのってお手合わせをし、Ｍさんはひざを曲げ、拍をとりながら二人の手を叩くタイミングを合わせていた。拍を意識する前のお手合わせとはずいぶん異なり、とても躍動感あるお手合わせをしていた。成功すると歓声があがった。見ていた子どもは、ますます「自分も早く友だちとお手合わせしてみたい」という雰囲気になっていった。

(3) 二人組の遊びから大人数の遊びへ

先ほどまでは隣同士でお手合わせを行っていたが今度は、いろいろな友だちと行ってよいことにした。

それを聞くと子どもたちは一斉に立ち上がり、友だちとお手合わせを始めた。立って行うことで、ひざを曲げたり、首を揺らして拍をとったりする子どもが増えてきた。

スピードを上げても友だちとぴったりと合う感覚を楽しむ子ども、人数を変えて楽しむ子どもが出てきた。三人でできると、次は四人、五人……と、どんどん人数を増やす子どもも出始めた。グループのそろった歌声に誘われて、他の児童も「仲間に入れて」と入ってくる場面も見られた。

次第に「男子全員でやるぞ、集合！」と、声をかける子どもが出てきた。みんなで輪になり、お手合わせが始まった。「もっと速くいくぞ」とその掛け声で先ほどより速く手をたたき、体も自然と縦に揺れ、拍にのる姿がみられた。

その様子を見ていた女子も「女子もやるから来て」と声をかけ、「もっと速くいこう」と対抗しているかのように男の子たちより速いスピードで手をたたいて遊びはじめた。それに伴い体の揺れだけでなく、歌声も大きくなっていった。「次はゆっくりいってみよう」と他の子どもが言うと今度はおもちがのびているかのような手の叩き方に変わった。体の揺らし方も、縦の動きから、横の動きに変わっていった。「次はクラス全員でやろう」と、ある一人の子どもが声をかけ、お手合わせを行った。特に速さを決めたわけではないが、自然と声を揃え、手を叩くタイミングを合わせていた。

このように特に教師が何か指示しなくとも、子どもたちは遊びの中で自在に速度を変え、拍の流れを友だちと共有し、拍を合わせるという技能を身につけていったことに驚いた。最後にクラス全員でピッタリと合う感覚を味わった時には、子どもたちから、「やったあ」という歓声があがり、みな満足した表情になっていた。この遊び自体は本来二人組で行うものであるが、「人数を増やして挑戦したい」という意欲が自然に湧き出た結果、このようにクラス全体での遊びへと発展したといえる。

○考察

歌を教えた時点から遊びに対する子どもの好奇心が感じられた。それぞれの動きが単純だからこそ、できるようになると見通しが持て、意欲を持って何度もお手合わせをしていたのだろう。また、拍に焦点を当てることで拍を感じながら友だちとぴったりと合う心地よさを感じることができたのではないだろうか。「拍を感じてうたいましょう」と教師が言ってもそれがどのような感覚なのか具体的にはわからない。しかし遊びを通して拍がぴったりと合う感覚を何度も経験した子どもにとっては、拍を感じるということがどういう感覚なのか身をもって理解することができたといえる。そして拍を合わせる技能を獲得したことで、遊びをダイナミックなものへと発展させ、拍の同期により全員のノリのある一体感を味わうことができたと考えられる。

14 《なべなべそこぬけ》小学三年生

《なべなべそこぬけ》の遊びのおもしろさは、つないだ手が離れないように内から外に、外から内に身体の向きを変えるところにある。また徐々に人数を増やしてクラス全員が一つの輪になって遊べるところに魅力がある。三人以上で遊ぶ場合は、どこをくぐり抜けるかを意思疎通することが必要となり、くぐり抜ける状況に合わせて「伸びる拍」を感じ取ることができるかどうかが成功の鍵となる。

今回は、最後の一人がくぐり抜けるまで「かえりまー」というように「ま」を伸ばして、「しょ」で完成するというルールを作り、「伸びる拍」に焦点を絞って遊ぶことにした。人数が多くなるほど「伸びる拍」のおもしろさが増し、子どもたちは、遊びの中で多様な「伸びる拍」を経験することになる。そして、クラス全員のつないだ手が離れないようにくぐり抜けた時には、達成感と連帯感を持つことができると思われる。

このように、遊びの中で「等拍・伸びる拍」を意識することにより、日本の音楽に特徴的な拍の学習（文化の学習）につなぐ《なべなべそこぬけ》の遊びができると考えた。

○授業の概要

指導内容：伸縮する拍

指導計画：〔経　験〕《なべなべそこぬけ》を二〜六人組で遊んで歌う。

〔分　析〕《なべなべそこぬけ》の二人組（等拍）と六人組（伸びる拍）を比較聴取し、それらの違いを意識する。

〔再経験〕伸びる拍を味わいながら、多人数の《なべなべそこぬけ》を遊んで歌ったり、遊んでいる様子に合わせて歌ったりする。

〔評　価〕伸縮する拍についてのアセスメントシートに答える。

(1)　遊びの中に出てくる「伸びる拍」を意識する

二人組の《なべなべそこぬけ》は、歌の拍に合わせてくるりと向きを変えることができ、クラス全員の歌声が一つになった。ところが、人数を徐々に増やしていくと、成功する組が少なくなり、歌声がとぎれるようになった。そこで、遊びを中断して、互いに見せ合って、「成功の鍵」を考えるようにした。

①「伸びる拍」に気づく場面

二人組が、《なべなべそこぬけ》を発表し、見ている子どもたちも発表者の動きに合わせて拍を取りながら歌った。拍の取り方は、手のひらを反対の手の人差し指で打つ方法をとった。次に、成功した六人組が《なべなべそこぬけ》を発表し、見ている子どもたちも発表者の動きに合わせて拍を取りながら歌ってみた。すると六人組になった時は、「かえりまー」のところは、拍が等間隔でないことに気づいたのである。また、「おもちつきみたい」という発言を基に、みんなが「おもちが伸びるようなイメージ」を持った。そして、子どもたちの中から手を大きく上に伸ばして拍を取る方法が生まれた。「成功の鍵」についての話し合いでは、「どこをくぐり抜けるかをみんなが知ること」と「最後の一人がくぐり抜けるまで『かえりまーーしょ』というように『ま』をもっと長く伸ばす」ということに気づいた。

二人組と六人組のビデオの音声だけを比較聴取した後、拍を視覚的に捉えることができる教材を使って、「伸びる拍」についての理解を深めた。教材は、「か」「え」「り」「ま」の四文字を巻物にして伸びるように工夫したものである。

②「伸びる拍」について理解を深める場面

二人組と六人組の《なべなべそこぬけ》の音声だけを比較聴取した。拍を取りながら聴き、「二人組」か「六人組」のどちらかを思い浮かべた。そして、実際に歌に合わせて「ま」が「まーー」というように伸びる教材を見ながら、全員が「伸びる拍」を視覚的に理解した。

(2) 遊びを通して「伸びる拍」のおもしろさを味わう

① 伸び方の違う「伸びる拍」のおもしろさを味わう場面

成功の鍵をつかんだ子どもたちは、多人数にチャレンジするようになった。成功した人数を記録し、徐々に人数を増やしていった。多人数で《なべなべそこぬけ》をすると、全員がくぐり抜けるのに時間がかかるため、「かえりまーーーーしょ」とかなり長く伸ばさなければならない。しかし二人組で《なべなべそこぬけ》をする場合は、すっとすぐにくぐることができるため、等間隔の拍にのって「かえりましょ」と歌うことができる。このように人数差があるほど、「ま」の伸び方の違いが明確になり、遊びを通してさらに「伸びる拍」のおもしろさを味わうことができた。

②　とても長い「伸びる拍」のおもしろさを味わう場面

いよいよクラス全員の《なべなべそこぬけ》にチャレンジすることになった。子どもたちは、全員がくぐり抜けるまで息つぎの箇所をずらして「ま」を伸ばしていた。これまでの遊びの中で一番長い「伸びる拍」を経験し、子どもたちはおもしろがった。最後の一人がくぐり抜けた時に、「しょ」と声を合わせた。そして歌い終わった後、クラス全体が達成感に包まれ、大きな歓声があがった。

(3)　「伸縮する拍」について学習する

このようにわらべうたでは、遊びの状況や駆け引きからくる動作に合わせて、拍が自由に伸びたり縮んだりする。学習の最後には、《なべなべそこぬけ》と《だるまさんがころんだ》を使って、そのことを応用したアセスメントを行った。

問一　どちらの《なべなべそこぬけ》でしたか。○をつけましょう。
きそく正しい拍　—そー—こが—ぬけ—たら—かえ—りま—しょ—
のびる拍　—そー—こが—ぬけ—たら—かえ—りまーーーー—しょ—

問二　遊んでいるのは、「2人」と「多人数」のどちらでしょう。
どんなようすを思い浮かべましたか。

子どもたちは、一回目：等拍、二回目：伸びる拍を聴取した。拍を取りながら「ま」の箇所を注意深く聴き、全員が正解することができた。「等拍」の記述として「〇〇さんとやっていて、速くくるりとまわってせなかをあわせている」等があり、「伸びる拍」の記述として「多人数で、すぐにまわれないようす」「多人数で、二人の手の穴をくぐって『まーーーー』とのばす」等があるなど、具体的に様子を思い浮かべて答えることができた。

> 問一　どちらの《だるまさんがころんだ》でしたか。〇をつけましょう。
> きそく正しい拍　―こ　ー　―ろ　ん　―だ　―
> ちぢむ拍　―ころんだ―

また子どもたちに馴染みのあるわらべうた《だるまさんがころんだ》を取り上げ、このわらべうたでも、遊びの変化によって拍の伸縮が生まれるということを確認した。

〇考察

子どもたちは、わらべうたを遊ぶ中で「伸縮する拍」を経験していることがわかった。そして、拍を伸び縮みさせるところがその遊びのおもしろさを感じるところになっている。《なべなべそこぬけ》の遊びでルールを作り、「伸びる拍」に焦点を絞って遊んでいたことが、「伸縮する拍」の学習へとつながった。「伸びる拍」は、子どもたちの生活経験を基に「おもちが伸びる」ようにイメージされた。そこから、「手を大きく上に伸ばして拍を取る」という方法が生まれた。また、教材を使って拍を視覚化することにより、「伸びる拍」についての理解が深まったと言える。そのことが、《だるまさんがころんだ》の「縮む拍」の理解につながったと思われる。「伸縮する拍」を指導内容に設定することにより、遊びの経験を日本の音楽に特徴的な伸び縮みする拍の学習（文化の学習）につなぐことができたと考える。

15　《大波小波》小学三年生

《大波小波》は縄跳び遊びのわらべうたである。うたに合わせて、二人が縄をもつ役になり、「おおなみこなみ」では、縄を左右に振り、縄の動きに合わせて、跳ぶ。そして、「ひっくりかえして　ね～この」という歌詞に乗せて、縄を大きくぐるりと回し、「目」で縄を止める。跳ぶ役の子どもは、縄に触れないように跳び続け、「目」で縄を跨いで縄の動きを止める遊びである。途中で、縄にひっかかったり、最後にうまく跨げなかったりした時には、縄を持つ役に変わる。

《大波小波》の旋律は三音のみでできており、箏で弾くのに容易である。旋律はすぐに弾けるようになるだろう。そこで、この遊びの縄の動きから波の様子を想起することが容易であることに注目し、カノンを指導内容として取り上げた。縄の動きを想起することを通して、波が次から次へと打ち寄せる様子を、カノンで旋律が重なるときの感受につなげることができるのではないかと考えたからである。つまり、子どもたちは箏で《大波小波》をカノンしたとき、旋律がずれて重なっていく感じを縄の動きのイメージに重ねて捉えやすいのではと考えた。

○授業の概要

指導内容：カノン

指導計画：〔経　験〕《大波小波》をカノンで歌い、箏で弾く。

〔分　析〕カノンの出だしの異なる《大波小波》を比較聴取し、音の重なり方の違いを知覚・感受する。

〔再経験〕自分たちのイメージを持って、箏で《大波小波》をカノンで演奏する。

〔評価〕カノンについてアセスメントシートに答える。

(1)《大波小波》の遊びから箏の旋律弾きへ

まずは校庭で《大波小波》の縄跳び遊びをたっぷり行うなど、わらべうたで十分に遊ぶ場を設けた。遊びの中で《大波小波》の旋律はすぐに歌えるようになった。そして遊びの感想を問うと「なわが動いているのが波みたい」など、遊びのときの縄の動きを波の動きに照らし合わせてとらえた発言が聞かれた。

このような活動を踏まえ、箏で《大波小波》の音探しをおこなった。そこでは遊びを通して旋律がしっかり身についていたため、自分たちで歌いながら音を探す姿がみられた。一面の箏に二人組のペア学習の形態をとっていたため、一人が爪をつけて演奏し、もう一人が旋律を歌い音を確認するなど協力して音探しを行っていた。ここでは旋律を箏で弾くことと歌を歌うことが一体となっており、言葉を語るように箏を演奏する姿がみられた。

旋律が弾けるようになると、波のイメージをもって弾き方を意識するようになった。たとえば歌詞の「おおなみ」と「こなみ」の音の長さの違いに対して、「〝おおなみ〟のときは、ゆっくり拍に合わせて演奏しないと波が大きくないみたい。〝こなみ〟は、はやくなっちゃうと波が来ている感じがしないから、拍に合わせて弾かないといけない」や「しっかり弾き（爪で絃をはじいた後、前の絃に一回一回しっかりあてる、箏の基本的な弾き方：子どもたちが命名）を意識すると波が、一つずつちゃんとくるみたいにできるよ」「〝ひっくり返して〟は速くなってしまうと縄を速く回さなきゃいけないから大変」というような、子どもたちのやりとりがみられた。

(2)《大波小波》のカノンの特徴をとらえる

旋律が弾けるようになると、つぎに旋律をカノンで重ねる活動に進んだ。カノンで歌ったあと、まず、カノンの特質をより感受しやすいように、初めに、斉奏による《大波小波》とカノンによる《大波小波》を聴き比べる場を設定した。「斉奏のときは、大きな波が一気に押し寄せてくるみたいだけど、カノンにすると、何回も波が押し寄せてくるみたい」というように、子どもたちは、波の打ち寄せる様子の違いでカノンの表現効果を捉えていた。

そしてカノンで《大波小波》を奏して楽しんだ。箏の学習では、箏一面に二人のペア学習の形態をとっている。カノンを学習する上で、お互いの旋律の動きを意識しなければ音を重ねることはできない。そこで、子どもたちは、演奏していない方の子ども（聴き役）同士がわらべうたをカノンにして歌うことで、箏の音の重なり方を容易に捉えていく姿がみられた。そこでは、「はやくなってるよ」「今いっしょになってしまってたよ、テンポ合わせよ」といって、聞き役が手を打ちながら演奏する姿がみられた。

さらに、出だしの場所を変えたカノンにも取り組んだ。二面の箏で、カノンの出だしの異なる二種類の《大波小波》を比較聴取し、その違いを知覚し、その感じの違いを感じ取る場を設定した。「波がすぐくるのと、ゆっくりくるのみたい」や「いっぱい波が押し寄せてくるみたい」というように、子どもたちは、自分たちの海での体験を想起しながら、二種類のカノンの音の重なりの違いを感受していった。

(3) さまざまなカノンをつくりだす

その後、二人組を二つ合わせた四人グループになり、自分たちの表現したいイメージに基づいて、カノンの重なり方を工夫する活動を行った。

Aグループは、「大きな波がくるようにしたいから、一拍ずれて音を重ねよう」というイメージにもとづいて、二拍ずらすカノンを選択し、音を重ねた。実際に音を重ねてみると、「波がひいた後に、波がくる感じがするね」

「ゆっくり波がくる感じにするためには、拍を意識して速くならないようにしよう」といった発言がみられた。

また、B班は「前の波がひく前に、次の波がくる感じにしたいから、すぐ出るようにしよう」というイメージにもとづいて、一拍ずらして音を重ねることにした。しかしながら、子どもたちにとって一拍だけずらして重ねることは難しかったようであり、「歌に合わせて弾いてみよう」や「テンポを遅くして合わせてみよう」といったイメージに近づくための演奏の工夫をする姿がみられた。

学習を進めていく中で、「ここは、こうだよ」「この方がうまくいく」「今、うまくできた」といってお互いを相互評価する姿がみられるようになった。これは、友だちの演奏を間近で聴き、いっしょに試行錯誤的に探究しているからこそ発言できることである。

○考察

わらべうたを教材として和楽器である箏に取り組んでいくことで、子どもたちは、楽器に対する苦手意識や、演奏上の技能的な困難を容易に克服し、学習に取り組んでいくことができた。それは一つには、わらべうたの音の進み方が言葉を話すときのような抑揚で進んでいることによるものと考えられる。もう一つは、学習が《大波小波》の遊びの動きからくるイメージに支えられていたことによると考えられる。今回の実践では、波が打ち寄せる様子を、同じ旋律を次々と重ねていくカノンと関連させることで、子どもたちは遊びの動きからくるイメージをもって箏の演奏に取り組んでいった。

このように、音数も限定され、身体の動きや言葉に沿ったリズムから成るわらべうたを教材とすることで、回る縄の躍動感といった《大波小波》の遊びの特質を生かした学習ができたのではないか。子どもたちは、カノンの音のずれ方を知覚でき、それが生み出すおもしろさを波の動きのイメージを通して豊かに感受でき、カノンの演奏を楽しめたのではないかと考える。

16 《はないちもんめ》小学六年生

「たんす長持ちどの子がほしい?」「あの子がほしい」と、二組に分かれて、問答を繰り返していきながら最終的に相手の方の一人を指名して、じゃんけんやひっぱりっこで負けた子がとられるという遊び、これが《はないちもんめ》である。相互のかけ合い、問答が楽しい《はないちもんめ》の歌も、地域によってさまざまな歌い方がある。これは、各々の地域で子どもたちがこの歌をつくり替えながら伝承してきたその証かもしれない。

ここでは、歌の中にある問答を感じながら、わらべうたに出てくる三音の音階を使ってつくり替える。そして、今を生きる子どもたちによる現代版《はないちもんめ》の歌をつくる。この活動を通じて、わらべうたを使った遊びから、ふしの学習へとつないでいく過程を明らかにしていきたい。

○授業の概要

指導内容:音階

指導計画:〔経　験〕《はないちもんめ》を歌って遊ぶ。《はないちもんめ》でいろんな替え歌をつくる。

〔分　析〕自分たちのつくった歌に出てくる音を調べる。

〔再経験〕現代版《はないちもんめ》を創作し、それを歌って遊ぶ。

〔評　価〕三音による音階についてのアセスメントシートに答える。

(1) 替え歌はふしの学習の第一歩

《はないちもんめ》の遊びの後に、問答になっているところの一部を抜き出し、その部分を替え歌にして遊んだ。抜き出した元の歌詞は次の通りである。

たんす長持ちどの子がほしい　あの子じゃ分からん
あの子がほしい　この子じゃ分からん
この子がほしい　そうしましょ
相談しましょ

普段の遊び仲間との替え歌づくりの活動は、まさに遊びの延長であるかのように、実に自然で楽しげなものであった。実際の子どもたちの替え歌づくりの活動の様子を観察してみると、最初に、ある日常生活のシチュエーションを設定し、その場面で交わされるであろうセリフを《はないちもんめ》の音階に上手くはまるよう調整しながら、ふしをつくり歌っている姿が見られた。

できた替え歌をグループで遊びながら何度も歌っていた。それらの音階は《はないちもんめ》の音階と同じ、ソラシの三音を使用したものだった。できた替え歌は次のようなものである。

（替え歌①）
電気こわれて上から落ちた
頭にささる　救急車呼ぼう！
何番やっけなあ？　忘れてしもた！
相談しましょ　そうしましょ

（替え歌②）
おなかがすいたな　なーにを食べよう？
ラーメンがいいな　タコヤキがいいな
ギョウザもいいな　おすしもいいな
相談しましょ　そうしましょ

(2) 替え歌づくりからふしの学習へ

子どもたちがグループでつくった替え歌の中から一つを選び、クラス全員で歌い、遊んでみることで、クラスの皆でふしの学習をする場面を設定した。《はないちもんめ》は、ソ・ラ・シという三音の音階で構成されている。自分たちのつくった替え歌を、リコーダーを使って音を探っていきながら、出てくる音を調べて分析していく作業を通じて、子どもたち自らで使われている音階を導き出す活動へとつなげた。

その中で、言葉と音の動きを対応させて理解できるようにするため、マス目のあるワークシートを用いた。縦軸に構成音、横軸に替え歌の歌詞を記入し、縦軸と横軸の交わるところを丸で黒くぬりつぶし、音の動きを、視覚的にとらえることができるよう工夫した（下図参照）。また、この音階を視覚化したワークシートを見ながら、手の位置で音の高低を表しながら歌うようにし、音階の知覚・感受を促した。

分析の最後に、自分たちのつくった替え歌がソ・ラ・シの三音からできていることを確かめた後、ドレミファソラシの七音でできている西洋の音階と比べてどう感じるかを発表する場をつくった。子どもたちから出た感受の言葉は、以下の通りである。

【三音の音階の歌を聴いて】

「和風な感じがする」「遊びながら歌っている歌みたい」「昔の日本みたい」

【七音の音階の歌を聴いて】

「外国っぽい感じがする」「遊びながらではなくて音楽だけって感じがする」「現代的な感じ」

シ									
ラ	●	●	●	●	●	●			
ソ							●	●	
	お	な	か	が	す	い	た	な	…

(3) 大阪で暮らす子どもの生活が反映された現代版《はないちもんめ》

構成音を分析して音階を導き出し、その音階を知覚・感受することは、子どもたちの替え歌づくりを、無意識に行っていた段階から音階を意識してつくる段階へと導いた。これにより、今まで曖昧な高さや音程を持っていたふしが、より明確な音の高さや音程を伴ったふしへと変化していった。ここでの活動は、構成音を知った上で、グループに分かれて自分たちでつくった替え歌を参考にしながら、その続きをつくったり、また、新たに替え歌を創作したりする活動である。

そして、できるだけ普段使っている言葉でつくるように指示をした。

〝よそゆきの言葉〟では、〝普段着の音楽〟はつくれない。

わらべうたは、日本の子どもたちの日常の遊びの中から生まれた、子どもたちにとっては〝普段着の音楽〟である。〝普段着の音楽〟には、言葉も〝普段着〟でないと上手くなじまない。

その結果、子どもたちの生き生きとした日常や、子どもたちならではの発想に溢れた作品が数多く誕生した。そのうちのいくつかを紹介する。

一つ目の作品は「振り込め詐欺」である。テーマ

【作品①】「振り込め詐欺」

息子の健仁は今何してる？ 朝から早くに電話が鳴った。

オーレ、オレだよ、リストラされた。 声が違うよ。

風邪ひいてるからだ。 お金はあるの？

あったら電話しない。 いーくらいるの？

二〇〇万ぐらい。 すぐ振り込むわ。

そうしてよ！

ガチャ（受話器を置く音） 急がなきゃ！（双方が言う。）

〇〇が振り込め！ 〇〇が振り込め！

振込みジャンケン、じゃんけんほい！（双方が言う。）

そのものは現代の社会問題を反映したものであり、その内容も深刻なものである。しかしこのような深刻な社会問題を遊びの中で扱い、取り入れていくところに、直感性にユーモアを交えた、子どもたちならではの感性がある。子どもたちの考えたうたには現代の世相が端的に表されてはいるが、そこで描かれている世界には、ブラックユーモアさえ感じる。

子どもたちがつくる、現代の、新しいわらべうたは、子どもたちにとっては、いつも自分たちが感じた真実を表しているものとして存在していることが、ここからよく分かる。

二つ目の作品は「本屋の店主と客のこどもとのやり取り」である。このうたを歌い、遊んでいる時の子どもたちの様子は、実に生き生きと楽しそうで、エネルギーに満ち溢れていた。最後のジャンケンで勝負を決めた後、回を重ねていくごとに、うたのテンポやノリがどんどん上がっていき、この作品をつくった子どもたち全員が、すっかりこの遊びとうたに没頭している姿が見られた。

また、うたの途中に出てくる、「なんでやねん!!」のところでは、わざと音程をはずした歌い方が見られた。それは、ちょうど大阪の漫才

【作品②】「本屋の店主と客のこどもとのやり取り」

買ってほーしい、マンガを買って！　まけーてほーしい、マンガをまけて！
一〇〇円ならまけてもいいよ。　もうチョイまーけて！
それはちょっとムリや。　そんなら買わん！
まけるから買って！　何円まける？
一円まける。　なんでやねん!!
じゃあ何円がええねん？　相談しましょ。
そうしましょ。
アホー！（双方言い合う）決ーまった！（双方が言う。）
〇〇がねぎれや！　〇〇がねぎれや！
最初はグー、じゃんけんほい！（双方が言う。）

師のツッコミ役がボケ役にむかって言うような抑揚と似ていた。

そして、この部分には、子どもたちが考えたジェスチャーもつけられていた。ツッコミ役がボケ役にむかってする誇張表現されたジェスチャーは、この遊びとうたをさらに楽しいものにするために、効果的にはたらいているように見えた。子どもたち自身の発想でつくった遊びとうたを、すっかり自分たち自身のものにしてしまっている子どもたちの姿から、借り物ではない、子どもたち本来の生き生きとしたエネルギーを感じた。

また、子どもたちのつくったこの作品②には、大阪の子どもならではの発想や感性がにじみでているのが分かる。例えば、うたの冒頭の「買って～、まけて～」の部分である。オリジナルの「勝ってうれしい～、負けてくやしい～」と読みは同じであるが、そこでの意味内容は全く異なる。《花いちもんめ》の「勝ってうれしい～、負けてくやしい～」が大阪の子どもの手にかかると、商人としての「買って～、まけて～」になるのである。大阪は商売の街。商売人だけではなく、そこで暮らす人々にも商売っ気がある。そしてまた大阪は、お笑いの街でもある。ボケとツッコミは漫才師だけの世界ではない。大阪で暮らす人々の日常会話には、程度の差こそあるが、ボケとツッコミが存在する。

作品②は、このような生活の文化を持った街、大阪で暮らしている子どもたちがつくったものである。この作品は、大阪で暮らす子どもにしかつくれない作品である。子どもたちの日常生活の背景にある、その土地の文化を無意識のうちに吸収し、それを放つことで生まれたこの作品からは、「大阪の子どもらしさ」がにじみでている。

○考察

子どもたちは遊びの中からふしの元となる音階を発見し、そこからまた新たな表現を生み出した。新しく生み出されたものからは、子どもたちの日常生活や社会風刺にブラックユーモアの世界等、創造的で新しいわらべうたの姿が見られた。

音階はひと昔、あるいはふた昔も前と同じものであっても、そこでうたわれている歌詞は、今を生きる子どもたちの真実が映し出された、生きたわらべうたそのものであった。

このように、わらべうたを使ってふしの学習へとつないでいく活動を通じて、遊びが「学び」の裏付けのある、より確かで豊かなものへと変化していったことが分かった。

17 《ちゃつぼ》中学一年生

《ちゃつぼ》は一人手遊びのわらべうたであるが、複数でも共感的に遊ぶことができる。また、単純な言葉・短い旋律・パターン化した手の動きで成り立っているが、言葉や動作のおもしろさに夢中になる。言葉等のモチーフとカノン、オスティナート、テンポや強弱の変化、動作等の創作技法等の組み合わせを通して生み出されるテクスチュアを知覚し音楽的効果を感受することが期待でき、声によるアンサンブルの創作表現につなげていく上で適切な教材となる。

生徒同士が話し合ったり声を重ね合わせて試したりしながら自分たちで生み出していく共同的な創作表現活動を展開させたい。

○授業の概要

指導内容：テクスチュア

指導計画：〔経　験〕《ちゃつぼ》で遊び、感想を交流する。

〔分　析〕テクスチュアの特徴と音楽的効果を感じ取る。

〔再経験〕テクスチュアの特徴と音楽的効果を意識して、《ちゃつぼ》の声による創作アンサンブルを工夫し、演奏を交流する。

〔評　価〕　テクスチュアの特徴と音楽的効果についてアセスメントシートに答える。

(1)《ちゃつぼ》を歌って遊ぶ

まず、《ちゃつぼ》の手遊びを手の動きと歌が一致するまで教え合いながら覚えた。手遊びは案外難しく、生徒同士で見合ったり教え合ったりしながら場の雰囲気が盛り上がった。その後、全員で一つの輪を作り、オスティナート・カノン・急・合いの手等の音楽用語を書いた指示カードを裏返して置き、一人の生徒が引き全員でカードの指示に従った歌遊びをした。例えば、オスティナートの場合、生徒は「つぼ」「ちゃ」など使いたい文字を音素材として選び、主旋律と音素材によるオスティナートのパートに分かれて即興のアンサンブルを楽しむというものである。

手遊び・歌遊びを楽しんだ後で生徒に感想を書かせた。

「日本の昔からあった歌の手遊びをして、みんなで楽しく明るく遊べるのがわらべ歌の良さだと思いました。私は今まで《ちゃつぼ》という歌を知りませんでした。だけど、歌遊びをしてみてすごく楽しかったです。もっといろいろ考えてやれるとおもしろいと思いました」「初めてやったけど完ぺきくらいにできてうれしかった。すごく楽しかった。みんなでカノンをやった時が一番楽しかった。歌の歌詞を変えて工夫してやってみたいと思った」「最初はとても難しいと思ったけど、やってみると同じ動作を繰り返すだけで簡単にできた。それにできると楽しかった。歌詞を変えてできそうだし、カノンは大人数でやるとすごくいい感じになった」「前奏や後奏を工夫してアレンジできるのでおもしろい。みんなで教え合って楽しくできたのでおもしろかった。短い遊びだけど、アレンジしてとてもおもしろい歌にできるので、とてもはまる」等、遊びの楽しさや少しの工夫で音楽の幅を広げることができるということを感じ取った記述があった。

このように、《ちゃつぼ》も含めてわらべうたで遊んだ経験や記憶が薄い今どきの中学生にもかかわらず、みな手遊びに夢中になり自然にわらべうたの音素材や創作技法を取り入れた即興アンサンブル（歌遊び）に熱中し、共感的な雰囲気の中で遊びから音楽の学習に無理なく移行していく場となった。

(2) 《ちゃつぼ》を素材にした声のアンサンブルづくり

ひとしきり《ちゃつぼ》で遊んだり、歌遊びをしたりした後、自分たちの即興アンサンブルの録音を聴いていろいろな声の効果を知覚・感受する場を設けた。生徒の記述には以下のようなものが見られた。


【カノン】

「二声のカノン：始まりを変えるだけでタイミングが変わっておもしろくなる。」

「一三声のカノン：みんなの声が連結されていておもしろい。」

【オスティナート】

「主旋律だけより違うリズムになり、不思議な感じがする。」

【合いの手】

「『ちゃ』と同じ言葉が入るので、次々に進む感じがした。」

「一行一行の雰囲気が明るくなる。」

【前奏】

「前奏が入ると『これから始まります』という感じがして、心構えができる。」

このように歌遊びのテクスチュアと音楽的効果を生徒なりの受け止め方で感じ取ることができた。そこで、今度は学習集団を二グループ（各グループ七名）に分けて、創作アイデアについて話し合う活動と声に出して試す表現活動を繰り返しながら、声によるアンサンブルを工夫していった。その後で、グループごとに演奏を披露し聴き合ったり、全員で各学習グループの創作アンサンブルを演奏したりして、学習の成果を確かめ合った。生徒がつくった作品の一例は次頁の通りである。

(3) お互いの作品を鑑賞する

遊びから創作活動まで一貫して集団で学び、創作活動を進めていく学習形態をとった。最後の評価の場は、そのような学習過程を通して個人に蓄積された学力について、実践者あるいは生徒自身が把握する場である。

そこで、創作アンサンブルの録音を聴いて批評文を書く活動を行った。

「明るくてリズムのいい歌になったと思う。後奏でしっかりまとまったのですごく良かった。オスティナートで『ちゃつぼ』という言葉をリズム良く使っていた。カノンを入れるともっと良かった」「たくさんの音があってとてもにぎやかな感じがした。声の高低があっておもしろい」「オスティナートの『ちゃつぼ』がしゃべっているようで良かった」「『つぼ』の繰り返しのリズム感が良い。『ポン』という効果音が聞いているだけで『ふた』をイメージできる。前奏をもっと工夫できると良い」等の批評文に見られるように、生徒はテクスチュアの特徴と音楽的効果を関連させ自分なりに価値づけて記述しようとしていたことがわかる。

(4) クラスでひとつの作品を創作する

続いて自分のアイデアに基づいて、クラス全員で行う《ちゃつぼ》の声によるアンサンブルを創作し絵文字楽

A グループ

前奏

〈となえ言葉〉＋バッハの「トッカータとフーガ」の旋律
ちゃつぼ〜〜　ちゃつぼ　ちゃ〜つ〜　（全員で）

声部の役割	人数	音の高さ																														
主旋律	4人	ラ	ちゃ	ちゃ			ちゃ					ちゃ					た	がな					こ	を	とっ			た	にし	ろ		
		ソ			つ	ぼ		つ			●		つ	ぼ	にゃ	ふ					●	そ				て	ふ			f		●
						f			ぼ					f					い													
									f																							
対旋律（オスティナート）	3人	ラ			ちゃ				ちゃ					ちゃ					ちゃ					ちゃ					ちゃ		
		ソ			つ					つ				つ						つ				つ						つ	
		ミ				ぼ					ぼ				ぼ						ぼ				ぼ						ぼ
効果音	上記の7人の手拍子					ぼ			ぼ					ぼ															ろ		
						✋			✋					✋															✋		

オスティナートのモチーフ

後奏

〈となえ言葉〉
茶柱たつ子〜〜〜　（全員で）

譜にした。

一四人の声によるアンサンブルを想定した創作では、一人一人が個性的な作品を作った。例えば生徒Cは、前奏で「ちゃつぼ～（全員）」と物売りの声を入れ、続く主旋律に対応してカノンを対旋律として入れると同時に「ちゃつぼ」「ぼ」「つぼ」の三つの音素材のモチーフを三種類のオスティナートとして絡ませ、合いの手にフレーズごとの区切りとして手を一発ずつ叩く絵を記述した。

また生徒Dは前奏として「Ｏｈ、Ｎｏ！　ふたがな～い。どうすればいいの～？」という語りを入れ、続く主旋律には部分的にｆ（強弱記号）を書き入れて強調し、対旋律として一フレーズ目は「つぼ」、二フレーズ目は「そこ」、三フレーズ目は「ふた」の単語モチーフをオスティナートで入れ、フレーズが進むに従い「だんだん速く」「もっと速く」と速度を指示し、合いの手にフレーズごとの区切りとして「指パッチン」と書き入れた。さらに後奏では「ふたにしろ～」の言葉を四声で山びこのように連ねた。

批評文と作品作りで費やした時間は約四〇分であった。

これらの課題がとても困難な生徒は一人もおらず、どの生徒も熱心に取り組むことができていた。

○考察

中学生に対して、わらべうたで遊ばせ楽しませるというイメージで授業を構想するだけでは、音楽を自ら生み出したいという表現意欲と結びついた学習に展開していくことは難しい。

今回、手遊びや歌遊びを集団で楽しむ経験の場を大事にしつつ、最初から《ちゃつぼ》の音楽的な構成要素や創作技法を取り入れたことで、楽しみながら構成要素や技法を使って遊ぶ経験ができた。そのようなプロセスを通して「楽しい」「いろいろできそうだ」「もっと工夫したい」という表現意欲が高まり、どのように構成要素や技法を組み合わせていくかアイデアを練り合う思考活動や、創作アイデアを楽譜に記述したり実際に声を出したりしていく表現活動に無理なくつながった。このように、《ちゃつぼ》で音楽的に遊ぶという経験活動の設定によって生徒自身の表現意欲が醸成され、遊びから音楽の学習へ展開する推進力となった。

また、言語能力や音楽的な意欲や技能は当然生徒間で差異があり、特別な教育的ニーズを要する生徒も学習集団に含まれる。特性や能力に差異のある生徒同士がわらべうた遊びの中でつながり、つながりの中で学習し表現していく、そのように生徒同士が学び合うことを意識した共同的な学習形態を工夫したことで、「テクスチュア」の特徴と音楽的効果を知覚・感受するという課題（指導内容）は、どんな実態の生徒も少し背伸びをすれば手の届く高さに位置づいた。

本来が社会的な行為でありコミュニケーション活動の一つであるわらべうた遊びは、すべての生徒に音楽的に働きかける魅力的な教材になったのではないだろうか。そのような手応えを、最後の評価の場で批評文や創作作品の作成に没頭した各々の生徒の姿から感じることができた。

18 《かごめかごめ》中学二年生

鬼遊び歌である《かごめかごめ》の音楽的な魅力は、歌詞の持つ不思議さや一斉に唱えながら最後の言葉に向かっていく気持ちの変化（言葉）、鬼を囲んで同一円を繰り返し回る動作や雰囲気に合った繰り返される抑揚やリズム（音楽）、遊ぶために集まり手をつないで歌い鬼がうしろの子を当てる時やあてた後の動作（動き）が一体となって感じられ、集団で遊ぶ経験を通して楽しさを共有することができる点にある。

これらの言葉・音楽・動きの特質や雰囲気を生徒が意識し、表現へつないでいくための手段として、自分たちの遊びの様子を撮影した録画を活用した。このように、遊びの経験を自分たちの言葉で振り返ることによって、遊びのイメージをより具体的なものとし、創作表現活動として再構成していく生徒の姿を期待した。

○授業の概要

指導内容：構成要素と特質や雰囲気との関係

指導計画：〔経　験〕《かごめかごめ》で遊ぶ。

〔分　析〕《かごめかごめ》の言葉・音楽・動きの特質や雰囲気について気がついたことや感じ取ったことを、ワークシートに記入し交流する。

〔再経験〕《かごめかごめ》の言葉・音楽・動きの特質や雰囲気について感じ取ったことを生かしながら等による共同創作を行い、演奏を交流する。

〔評　価〕自分たちの共同創作演奏を聴き、批評文を書く。

(1)　わらべうた遊びに夢中になる中学生

《かごめかごめ》を、少人数グループで遊んだり全員で一つの輪を作って遊んだりした。男女関係なく全員がわらべうた遊びに夢中になり、普段いっしょに遊んだり手をつないだりしたことのない生徒とも自然に手をつなぎ演じる姿が見られた。遊んだ後に「遊びを通して感じ取ったわらべうた遊びの魅力について書こう」というワークシートの問いに対して以下のように記述していた。

【音・動き・言葉の特質を直感的にとらえた記述】

「歌って回るだけで楽しくなるなんてすごい」「歌と遊びが一気にできるなんてすごい」「音だけ聞いてもなかなかわからない。身体を動かしたり歌ったりして不思議」「歌いながら遊ぶのがわらべうたの特徴だと知った」「リズムに乗って簡単に遊べる」

【「人とのつながり」についての記述】

「みんなが楽しめる」「ふだん全員で遊ばないし、遊んでいない仲間と楽しく遊べた」「クラス全員が参加でき、皆でやれる」

【わらべうたを懐かしみ、価値あるものとしてとらえた記述】

「昔よくやっていた《かごめかごめ》は歌も忘れていたけど、やっているうちに思い出した」「昔やったなあと思う曲や初めて聞いたわらべうたもあり、なつかしくて新鮮な感じだった」「今はこんな遊びをやらず、小さいころにやっただけだったけど、昔に戻った感じで笑いもあって楽しかった」

【遊びを通してわらべうたのおもしろさに気づいた記述】

「最初は『いやだー』と思ったけど、みんなでやってみたら結構楽しかった」「古くさいという概念があったが、歌って身体を動かすだけで楽しくなれるわらべうたは永遠に残ってほしい」「《かごめかごめ》はこわいと思っていたけど、やってみるととても楽しくできた」

このように、仲間とわらべうた遊びに夢中になり身体諸器官を働かせてわらべうたの音楽的な特質を感じ取り、自分の中にわらべうたを肯定的に価値づけることができた経験は、その後の学習活動の源泉となった。

(2) わらべうた遊びの特質や雰囲気を言葉で意識する

《かごめかごめ》で遊ぶ自分たちの姿を映した映像を視聴した。借り物ではない、自分たちが生み出した遊びの場面なので、生徒の関心は高かった。

視聴しながら、「言葉・音楽・動きの特徴」「雰囲気とその変化」という分析の視点に基づいて、個々の生徒は気がついたことをワークシートに書き出していった。

【言葉・音楽・動きが一体となったわらべうた遊びの特質について感じ取った記述】

「笑い声から歌が始まる」「全員がシーン」「大爆笑」「笑い声・話し声と歌のコラボ」「いろいろな速さで歩いている」「歌いながら遊んでいる」「行進している」「だんだんリズムが速くなり走り出す」「歌い輪になってくるくる回る」

【遊びが生み出す雰囲気についての記述】

「ざわざわ」「楽しそう」「あったかい」「こわい」

【遊びが生み出す緊張感についての記述】

「息をのんで待っている感じ」「緊張感が走りキリッとする」「誰かわからずドキドキする」

生徒一人一人の受け止め方や言葉の使い方はさまざまなので、個人的に書いた言葉を三人の創作グループメンバーで交流し、付箋に書き出して全体掲示物に貼っていった。

このように、個人で知覚・感受した内容を一人一人が書き言葉で表し、次に創作グループ内で対話することによって交流し、最後に全体の掲示物の形で視覚的にまとめるという手続きを経ることにより、遊びの特質や雰囲気の捉えが個人の範囲を超えて豊かになった。そして共有された遊びの特質や雰囲気を捉えた言葉を意識するように方向付け、次のような創作表現活動に展開した。

(3) 遊びの特質や雰囲気を反映させた創作表現活動

まず、創作グループ(一グループ三名)の中で、前述の特質や雰囲気を捉えた言葉群から、自分たちのグループの創作に生かしたいキーワードを話し合って選んだ。

そして「キーワードを生かして創作表現を工夫しよう」という課題のもと、三人の生徒は主旋律・副旋律・伴

第１グループの演奏

場面	a．遊びの始まり	b．♪かごめかごめ……	c．♪後ろの正面だあれ	d．鬼の交代
キーワード	「笑い声」 「輪を作る」	「笑い声・話し声とかごめ歌のコラボ」	「全員がシーン」	「大爆笑」
演奏の工夫	「低音と高音を混ぜて弾いた」	「笑い声や話し声を高音で表し，主旋律とハモってきれいに聞こえるようにした」	「シーンとした感じに近づけるために，主旋律だけ聞こえるように副旋律と伴奏をできるだけ小さく弾いた」	「最初に戻る感じを出すために最初の弾き方と同じにした」
実際の演奏	〔主旋律〕 高音のグリッサンド（最後１回は１人で） 〔副旋律〕 低音のグリッサンド（主旋律より１回早く終わる） 〔伴奏〕休み	〔主旋律〕 ――― *Semple f* ―――→ 〔副旋律〕 高音域で即興的なオブリガート ――――――→ 〔伴奏〕 割爪のオスティナート ――― *f* ――― *Subit p* ―――→		全員がいろいろな音をランダムにかき鳴らす

第２グループの演奏

場面	a．遊びの始まり	b．♪かごめかごめ……	c．♪後ろの正面だあれ	d．鬼の交代
キーワード	「楽しい」	「足音」	「消える」	「悲鳴」
演奏の工夫	「最初をジャンジャンとかき鳴らした」	「低音を１つ１つ続けて鳴らすようにした」	「そのまま音を消した」	「高音をジャカジャカ鳴らした」
実際の演奏	〔全員〕 高音位置や低音位置をグリッサンドでランダムにかき鳴らす	〔主旋律〕 ――――→ 〔副旋律〕♪か～ごめかごめ♪のフレーズのオスティナート 〔伴奏〕 一二三弦のオスティナート （数秒の間）	〔主旋律〕 ♪後ろの正面だ～あれのフレーズ♪ 〔副旋律・伴奏〕 休み	〔主旋律・副旋律〕 同時に異なる音程の高音をランダムにかき鳴らす 〔伴奏〕休み

奏に役割を分担し、一面の箏を三人が囲んで実際に音を出しながら創作を試みた。授業者は創作の助けとして「割り爪」「合わせ爪」「グリッサンド」「胴を叩く」「オスティナート」等の奏法を即興的に例示した。以前の外部講師による箏の実習で学んだ基本奏法を思い出し、「すくい爪」「押し手」等が使えないかどうか試す生徒もいた。
その後の演奏発表の場では、各グループは自分たちが選んだキーワードを生かすためにどのように表現を工夫したのか説明して演奏を披露した。

○考察

中学生はわらべうたで遊ぶことに夢中になり、「みんなでできるから楽しい」「遊びながら歌うなんてすごい」といった感情を素直に表現していた。わらべうたで遊ぶ経験活動を出発点とすることにより、生徒たちはわらべうた遊びの魅力を身体感覚を通して理屈抜きに実感し、遊びを身近な学習材料として大切に扱うことにつながった。だからこそ、ビデオを視聴しながら特質や雰囲気についての気づきをいろいろな言葉で表現し、常に自分たちの言葉を意識しながら創作表現活動を進めていくことができたのではないだろうか。遊びが音楽の学習の源泉になったのである。

感じ取ったことを話したり書いたりする学習形態は、概念形成や論理的思考力の育成が発達課題となる思春期の中学生にとって重要である。そこで本実践では、遊んで楽しかったという気持ちで終わるのでなく、遊びを通して漠然と感じ取ったわらべうた遊びの特質や雰囲気を確かなものとして自覚していくプロセスとして、話す・書く等の言語活動を学習過程の要所に位置づけた。キーワードを生かした表現の工夫についての説明やワークシートの文に表れた生徒の言葉にはリアリティがある。生徒の言葉が形式的な表現になることなく出発点である遊びのイメージや感じ取った内容に常に立ち返りながら生き生きと語ることができた要因は、身体感覚を働かせて遊びに夢中になった体験そのものを分析・思考の対象としたからではないだろうか。自分の言葉で考え表現する学習行為を支えたのが、自分たちが夢中になって没頭したわらべうた遊びであった。

19 《もぐらどん》高校一年生

日本の民謡や、民謡の音階を生かした日本歌曲を学ぶことは、高校生にとってややもすると普段の生活からは乖離したものになりがちである。そこで、誰もが幼い頃に親しんだわらべうたを用い、遊ぶ経験の延長線上に学習としての創作活動を位置づけて授業の活性化をはかった。《もぐらどん》はあらゆる年代の人々が楽しめるわらべうた遊びである。もぐら役が輪の真ん中でしゃがみ、他の子どもたちは歌を歌いながら回る。そして「もぐらどん、起きなさい」と呼びかけ、もぐらが目を覚ますと鬼ごっこが始まる。「いつ、もぐらが起きるか」という緊張感がこの遊びの魅力でもある。ここではさらに「緊張感」を意識して《もぐらどん》の歌の続きをつくるという創作活動を行った。創作活動ではわらべうたの音階など音楽を形づくっている要素を知覚し、その働きを感受して、イメージをもって音楽をつくることをねらいとした。

○授業の概要

指導内容：日本の音階（主に民謡音階）／強弱・速度・反復と変化・始まりと終わり

指導計画：〔経　験〕《もぐらどん》を歌って遊び、旋律の特徴や遊びのおもしろさについて気づいたことを話し合う。グループで《もぐらどん》をさらにおもしろくするアイデアについて話し合い、歌詞と旋律を付け加える創作活動を行う。

〔分　析〕グループの作品を演奏発表し、各グループの作品の特徴や工夫について相互批評する。いろいろなわらべうたや日本歌曲を通して、日本の音階や旋律の特徴をとらえる。

〔再経験〕各グループの作品で実際に遊んでみて、意見や感想を述べ合う。自分たちのグループの作品を、さらに遊びやすくおもしろいものにするにはどうすればよいか話し合い、作品を修正したり表現方法を工夫したりする。

〔評　価〕日本の音階などの構成要素と曲想との関係について、感じたことや考えたことをアセスメントシートに記入し、意見交換する。

(1) わらべうたに熱中する高校生

① すぐに遊びに熱中する高校生

普段からいろいろな音楽に親しんでいる音楽選択生徒を前にして、《もぐらどん》の歌と遊び方のプリントを配り、「今日はこの《もぐらどん》で遊んでみます」と言ったとき、生徒たちはどんな反応をするか、少々心配であった。

しかし、生徒たちは「こんなん知らんわ」「もぐらどんの〈どん〉って何?」「も〜ぐらどんの…♪〔歌い出す〕」と、口々にいろいろなことを話しながらもすぐに関心を示した。そして教室に広いスペースを作ると、グループに分かれてどんどん遊び始めた。すっかり大人の身体に成長した高校生が、力一杯教室を走り回る光景にまずは驚いた。

② 遊びをおもしろくするルール作り

遊びに没頭するうちに「『つちごろりまいったほい』のところで、もぐらどんに向かって円を小さくして止まるが、いつまで手をつないでないといけないのか?　いつまで近づいてないといけないのか?」「もぐらどんの真正面に止まった人が捕まりやすくて損だ」「もぐらどんがなかなか起きないと、いつ起きあがるかヒヤヒヤする時間が長くてイヤ」「もぐらどんを起こすかけ声がおもしろいと盛り上がる」など、遊びについていろいろな疑問や意見がだされるようになった。話し合った末、生徒たちは次のような新ルールをつくった。

・《もぐらどん》の歌は三回まで繰り返すことができる。
・一回歌うごとに一〇まで数える。
・一〇数える間にもぐらどんが起きなければ、また歌い始める。

新しいルールを取り入れた結果、遊びはさらに加熱していった。

(2) 遊びから構成活動へ

① 遊びの中に表れた演技性を構成活動に生かす

遊びに没頭するうちに、あるグループがもぐらどんを起こす言葉を「遅刻するぞ！ こら－っ！ 起きろー！」と変えてみたり、男子生徒が声色をわざと女性のようにしてみたりするなど、変化を付け始めた。そこで「かけ声だけでなく、歌の歌詞も、数えるところも、工夫して変えてみよう」と提案した。ここから各グループ独自の《もぐらどん》の創作が始まった。創作をするための条件として以下の四点を生徒に示した。

・もとの《もぐらどん》に八小節以上の歌（音楽）を付け加える
・歌詞は、一番から二番、二番から三番に進むにしたがって発展性や物語性のあるものにする（もぐらどんが三番の最後には我慢できなくなって起きてしまうように）
・歌（歌詞）に合わせて音楽も工夫する
・一〇まで数えるときの、数え方や音楽も工夫する

② 生徒の活動過程

ここでは《運動会》というタイトルをつけたグループの活動と作品の一例を紹介する。

〔経験〕

まず、もとの《もぐらどん》の遊び方を覚え、グループを作って遊んだ。そして三回まで繰り返せるように、三番までの付け加える歌詞を考えた。テーマを運動会にし、一番では「ヒーローになれるかも」と歌い、ラジオ体操でカウントする、二番では「お弁当はやく来ないと食べちゃうぞ」と歌い、ご飯粒でカウントする、三番では「ソーラン節を踊ります」と歌い、「ハイ」というかけ声でカウントする、と決めた。次に、歌詞のことばを厳選し、旋律をつけていった。また、どんな歌い方や数え方をするか、誰がどこの部分を歌うかなどを話し合った。そして、一番ごとに一枚、歌詞の内容を表す絵を描いた。

〔分析〕

描いた絵を見せながら、出来上がった作品を三番まで通して演奏発表してみた。他のグループからは、「二パートに分かれてかけ声をするなど演奏にも変化があって楽しかった」等の工夫に関する意見が出た。「ソーラン節など民謡がうまく利用されていた」という意見から、授業者は生徒たちに《ソーラン節》と《もぐらどん》の共通点として、使われている音を調べさせた。さらに《もぐらどん》の他にも、子どもの頃に遊んだわらべうたの音を調べてみるよう助言した。生徒は、いろいろなわらべうたを思い出したり、教科書に載っている民謡や日本歌曲を口ずさんだりして、ピアノで旋律を弾きながら、どのような音（音階）からできているかを確かめた。そこで使われている音階は、西洋音楽の長音階・短音階とは異なる日本の音階であることを教えた。生徒は、意外と少ない音数と単純な構造で歌が出来ていることに驚いていた。

〔再経験〕

ここでは、実際に、自分たちの作品で他のグループに遊んでもらった。また、逆に他のグループの作品で自分たちが遊んでみて、比較し、意見交換した。他のグループからは「三番のソーラン節では『どっこいしょ』のかけ声で身体を左右に揺らしていて楽しかった」「『ハイ』というカウントの声は特に意味がないが印象に残りやすい」などの意見が出た。

〔評価〕

日本の音階などの構成要素と曲想との関係について、感じたことや考えたことをアセスメントシートに記入し、意見交換した。「似た音が続くので似たような曲になる」「懐かしい感じ」「メロディーが茶色であると感じる」「少ない音をいろいろと組み合わせるだけで、全く違う雰囲気の曲ができたりするのでおもしろい」「終わりの一音でとても印象が変わるから、それ以前の音との組み合わせが大切」「音が広がらないと曲も広がらないけれど、壮大にする必要はどこにもなくて、語りかけるような、普通にしゃべるような感じがよい」などの意見が出た。

(3) 「遊びの感覚」を生かした作品の創作

① 歌詞に生徒の生活が登場するということ

もとの《もぐらどん》に歌を付け加えるという形をとったため、生徒たちが創作した全ての作品に指導内容である日本の五音音階が利用されていた。そして、歌詞の内容は、日常生活、学校行事、恋愛、環境問題、社会問題を含むブラックユーモア等、高校生の生活に密着したものばかりであった。つまり、わらべうたを起点として創作を行う場合、生徒にとってはごく自然に歌の延長のふしがつくられるということ、またそこに登場する歌詞には、彼らの生活や日頃考えていることや感じていることが素直に表現された。

② 遊びのもつ魅力を表現に生かす

ところで、このわらべうた《もぐらどん》の遊びの最大の魅力は、もぐらどんがいつ起き出すかわからないという「緊張感（スリル）」であろう。おそらく遊びのなかで感じ取っていたであろうこの遊びの特質が、生徒たちの作品の随所に生かされていた。以下、作品の構成要素のどういう点に、《もぐらどん》が生み出す「緊張感」が反映されていたのか、生徒のアセスメントシートの記述より紹介する。

【歌詞】

・歌詞の内容そのものが、ドキドキするものになっており、次はどうなるかという楽しみがある。

・カウントが数ではなくモノの名前であった場合、どこまで数えたかわからなくなる。

【旋律】

・旋律が付け加えられて長くなるので、どこで終わるかわからない。

・音が高くなったらそろそろ終わりかなという緊張感を感じた。

【速度の変化】

・歌うテンポを変えたり、変化をつけたりする。

・特にカウントの場面では速すぎても遅すぎても緊張する。

【強弱】

・声がだんだん強くなる。

・ある種の脅迫、圧力、危険が迫っている感じを与える。

その他、演奏では、リズムをラップ調にしたり、音色では楽器の音（ピアノや打楽器）を加えたりするなどの工夫もみられたが、それらによりドキドキしたという意見もあった。

このように、生徒たちがつくりだした表現作品には、旋律線、速度・強弱とその変化、リズム、音色など、あらゆる構成要素に《もぐらどん》の醍醐味である「緊張感」が反映されていた。

○考察

日本伝統音楽を、授業という一斉の形態で、しかも高校生になり、西洋音楽の基礎がある程度築かれている状態（聴き慣れている状態）で学習するという場合、どうしても教養的な講義形式になるか、日本歌曲などを西洋的な様式と解釈で歌って日本的なものを感じるなどという状況に陥りがちである。しかし、このように幼い頃の遊びの延長線上に音楽学習を位置づけることによって、授業が活性化するだけでなく、日本人の誰もがもつ感性をよりどころとした学習活動が展開できることがわかった。

〔注〕

6　「わらべタイム」小学校異年齢児交流

(1)　日本子ども社会学会が全国の小学五、六年生三二二六名を対象に平成一六年一月から二月に行った調査「放課後の子どもたち〈子どもたちの意識と生活の現状についての試行調査〉」によると、「昨日の帰宅後、友だちと遊んだか」の質問に、二七・六％の子どもが「遊んだ」、七二・四％の子どもが「遊ばなかった」と答えている〈教育アンケート調査年鑑編集委員会編『教育アンケート調査年鑑二〇〇四年版』(下)、創育社、二〇〇四年、二〇〇頁〉。

(2)　休み時間に行っているため、参加するか否かは子どもたちの自由としている。わらべうた遊びの歴史的考察や筆者の経験から、わらべうた遊びに適した人数を、遊びにもよるが、一〇～二〇人と考えている。参加を強制しないことで、遊びに適した人数で行うことができる。実施計画に実施日と対象学年を明記し、担任に呼びかけをお願いし、できるだけ全児童が参加できるように配慮している。

10　《らかんさん》小学三年生

(1)　梅原猛『羅漢　仏と人の間』講談社、一九七七年、一四〇～一四四頁、一六七頁。

(2)　道端良秀『羅漢信仰史』大東出版社、一九八三年、三一五～三一六頁。

※各実践に登場する子どもの名前は、すべて仮名である。

第3章

わらべうた実践からみえてきた子どもの育つ姿

1　人と人とをつなぐわらべうた

わらべうたには拍にのって手を合わせたり、歩いたりする遊びが多い。拍にのって身体を動かすことで、そこにいる人たちは同じような身体の動きをとることになる。すなわち身体的同調が生じる。ここではわらべうたを通して、人とのつながりがどのように生まれ、発展していったのか、身体的同調を視点にみていく。

(1)　同調する動きがもたらす一体感

わらべうたで遊んでいるときにはある種の一体感が醸し出される。そうした一体感はどのようなプロセスで生まれてくるのか。第2章で紹介した事例でみていこう。

事例2の《いもむしごろごろ》の遊び始めでは、逃げることにとらわれて教室中を走りまわり、列が崩れることが多々あった。次第に「列を崩さないようにしよう」という共通の目的が意識されるようになり、自然と拍がそろうようになってきた。「い～も～む～し～ご～ろごろ」と歌いながら足を踏みしめて歩く中で自然と拍が共有されてくる。前にいる友だちの腰をしっかりと持ち、列を崩さないよう、足を踏みしめて歩く。足踏みという行為が拍を刻むきっかけとなり、それに合わせて歌そのものも拍にのって唱和されていく。そして見事に列のそろったいもむしたちは拍にのって歩き歌うことで、仲間といっしょにつながっているという一体感を味わうようになる。

事例7の《さらわたし》では、「さ～ら～わ～たさらわたし」と歌に合わせて隣の人とお手合わせをして手中にある宝をまわしていく。始めは宝がスムーズに回らず歌が中断することもあった。「宝をうまくまわしていこう」という共通の目的が意識されてからは、拍にのって隣にいる人の手と自分の手とを交互に合わせることができるようになってきた。すると円の仲間たちの動きがそろい、宝がスムーズに運ばれていく。まるで円がひとつの生き物であるかのように動きがまとまりを帯びてくる。拍がそろうことでリズミカルな流れができ、その場にはまとまりのある共同世界が生み出される。

このようにわらべうたでは拍の流れにのった動きが同時的に行われることによって一体感が生まれる。遊びに慣れないうちは、動きも歌も曖昧で揃わないことが多い。しかし仲間同士で「遊びを成功させよう」という共通の目的を確認し合うことによって、自然と拍が共有されてくる。列を崩さないよう一歩一歩確実に踏みしめて歩く、隣の人と交互に手を合わせる、など足踏みや手拍子という動作を通して拍が揃い始める。そして同じ動きを同時的に共有するという身体的同調が生じる。

身体的同調によって遊びの主体には「楽しい」「心地よい」という快の感情が芽生える。そして「仲間と協力して遊びを成功させていることの心地よさ」という一体感へとつながるのである。身体的同調によって生み出される一体感は、仲間と共存しているという感覚をより強く感じさせ、人と人とのつながりをつくる第一歩となる。

(2) リズムの変化を通した相手とのやりとり

仲間と拍を共有し、身体的同調を行うことにより、一体感を感じるようになる。遊びの発展に伴い、仲間と同調するだけでなく、つぎには相手に応えたり、補ったりするような相互の関係がみられるようになる。わらべうたではどのような気持ちのやりとりがみられるのだろうか。

神社の境内にある大きなクスノキのまわりで「だるまさんころんだ」に興じる子どもたち。振り向くタイミングを相手に悟られないよう「だ～～～るま～～～さんが～～～ころんだ」と変則的な速さでよみ、突然振り向く。

ここでは等間隔の拍ではなく、自由に伸び縮みする拍が生まれている。

事例3の《大波小波》も同様である。中学生は縄跳びをライバルチームに跳ばせまいとしてわざと拍をずらしたり、調節したりする。遊びはある種の駆け引きを含むゲームである。水面下でさまざまな駆け引きが行われ、それに応じて変則的な拍やリズムが生成される。

遊びの駆け引きから生まれる自由な拍もあれば、その場を共有する仲間意識が生み出す自由な拍も存在する。事例1の《らかんさん》は本来等間隔の拍にのって動きが連続していく遊びである。しかし親子交流という場面では、幼い子どもが一生懸命動きをつくりだすまでの時間をみなで共有し、あたたかく見守る姿があった。そこでは等間隔の拍ではなく、その子が醸し出すリズムにみなが合わせるという、新しい拍の流れが生み出されていた。

このようにわらべうたでは、遊びの発展に伴い、相手との駆け引きや調和などのやりとりが加わる。「いつ振り向くかわからないようにしよう」と気持ちの拡散を図ったり、縄をとばせまいとしてリズムを外したりする。あるいは一生懸命動きを作り出そうとする子の気持ちを応援し、「待つ」という行為が行われる。気持ちのやりとりはリズムに反映されることとなる。それまで一定の間隔で刻まれていた拍が、突如間をもったり、伸びたり縮んだりする。予期しないリズムの変化は遊びにスリルをもたらす。拍がずらされた相手はリズムの変化に緊張感を感じ、「じゃあ次はどうしようか」と次の方策を考えるようになり、遊びは連続発展していく。

前に述べたように、わらべうたではまずは拍を基盤として仲間と身体的同調をともにすることに心地よさを感じる。これはわらべうたにおけるコミュニケーションの基層となる。しかしながら遊びの発展に伴い、ただ仲間と一体化するだけでなく、今度はリズムを変化させることで仲間と気持ちのやりとりをする楽しさを覚えるようになる。こちらが予期しないリズムが突然登場することでスリルを味わったりするなどして、遊びの楽しさの質が変化するのである。

(3) わらべうたにみる身体的なコミュニケーション

このようにわらべうたでは同調する動きによって一体感を感じたり、相手の行動を感じてそれに応えていったりするというかかわりが行われているが、その多くは身体的なコミュニケーションによる。ではわらべうたではどのような身体的なコミュニケーションがみられたのであろうか。

身体をじかに接触させ合うコミュニケーションは、相手の生命を感じることのできる最も直接的な方法である。事例1の親子によるわらべうた交流では、あやこは母親といっしょにわらべうた遊びができる喜びを全身で表現する。あやこは精一杯手を伸ばし、母の手に自分の手を重ね合わせる。その行為を母親はあたたかく見守り、うまくいくと頭をなでて「よくできたね」と顔を見合わせる。母と子は手を重ね合わせることによって互いのぬくもりを感じ手の中に相手の存在を感じているのである。事例5の幼小交流の場面では、幼児の手をしっかりつないで輪になってまわる六年生の姿がある。こうした身体を触れ合う経験は互いの手のぬくもりを感じることができ、みんなで輪になってつながることに安心感を覚える。

身体によるじかの触れあいだけでなく、目や耳などの感覚器官を通して相手を感じ、それに応えるというコミュニケーションの姿もある。事例7の《さらわたし》では、鬼が目を覚まし、宝のありかを当てる場面で周囲の人たちはできるだけ宝のありかがばれないように目線をそらしたり、息をひそめたりする。ここでは仲間同士の目配せや表情からその気配を感じ取り、宝のありかを拡散させるというやりとりが行われている。自分の感覚そのものを頼りとして、相手との交渉が行われている。このように身体をじかに触れ合わなくとも、人は相手の仕草や表情、息遣いから相手の意図を推察し、それに応えていくことができる。

ここにわらべうたにおける身体的なコミュニケーションの姿をみることができる。それは手のぬくもりや視線、聴覚など自らの感覚を研ぎ澄ませて相手の存在を感じ、そして相手を受け入れ応えていくという関係である。言葉を介さない関係の中で、身体諸器官を通して人とつながることで情緒的な安定を得たり、その場の空気を察して相手を気遣ったりする思いやりが生まれたりする。人間関係を築くことが希薄になっていると言われる現代の子どもにとって、わらべうたは感覚器官を研ぎ澄ませて人とつながるという身体的なコミュニケーションを通してまわりの人と関係を築いていくことを可能にする。

(4) わらべうたにみる共同体の生成

このようにわらべうたでは、身体的なコミュニケーションを通して仲間との一体感を生み出し、言葉ではなく身体感覚を媒介とした気持ちのやりとりを可能にする。その結果、わらべうたを通してどのような関係が築かれることとなるのか。

事例1の親子交流では、最初の頃は、懸命に模倣遊びをする子と、その姿をあたたかく見守る母親という親子関係が成立していた。しかし《らかんさん》の模倣遊びに没頭するうちにその関係性に変化が見られるようになった。遊びが進むにつれ、母親から思わず「はいっ、次」とかけ声が出るなど、母親のほうがむしろ遊びに熱中するようになった。自分の動きを仲間が模倣するというやりとりにおもしろさを感じた母親は、簡単には真似できないような、複雑でユニークな動きを考えようと躍起になり始める。しかもそれらは拍の流れにのって展開されるために、律動的な動きにさらに躍動感が備わるようになった。一定のリズムにのせて身体的同調を行うという共同的な経験は、親と子という関係から、律動的な空間を共にする「遊び仲間」という対等の関係へと変化したのである。

遊びを通して「教える―教えられる」という一方的な関係から、対等な関係へと変化する。すると遊びの楽しさも仲間同士で共有できるようになる。事例4の《さらわたし》で登場するSくんは普段は自分の感情をひとに伝えることの苦手な子どもである。しかし遊びを通して実感した楽しさを人に伝えたくなる衝動にかられ、率先して手を上げてクラスみんなに自分の気持ちを伝えようと張り切る姿がそこにはあった。

一方事例6の「わらべタイム」では学年を超えてわらべうたを伝え合い、遊びが広がっていく様子が描かれている。遊びの楽しさをもっと多くの人と共有したいという気持ちに駆られ、下級生や近所の友だちにわらべうたを教えていく。わらべうたがきっかけとなって普段の生活においても人の輪が広がり、新しい人間関係ができていく。

わらべうたは、律動的な動きを共有する身体的同調という関係を通して、共同的な場をつくりだす。そこでは年齢や性別、親と子、置かれた境遇などは全く関係ない。みなが律動的な動きを共有する対等な仲間であり、遊びを成功させようという共通の目的をもった仲間なのである。わらべうたを通して対等な関係が築かれると同時にその場の楽しさも共有するようになる。仲間とともに共有した楽しい経験をほかの仲間にも伝えたいという欲求が芽生える。遊びの波及に伴って広がりのある人間関係ができていく。

このようにわらべうたを通して対等な関係が築かれ、仲間との充実した経験は新しいつながりをつくる基盤となるのである。

2　子どもの創造性を育てるわらべうた

本書では「創造性」とは既知の内容に新たなつながりをつけ、これまでにない新しい組み合わせを生み出すこと捉えている。ここではわらべうた実践に創造性がどのような表れ方をしているのかをみていく。

(1) わらべうたの言葉をつくりかえる子どもたち

わらべうた実践では、わらべうたの素材である「言葉」や「音楽」をつくりかえるところに創造性が表れていた。まず、言葉をつくりかえていく姿に着目し、そこで創造性がどのような表れ方をしているのかをみていく。

① 歌詞に子どもの生活が登場するということ

今回のわらべうた実践では、既存のふしにのせて次から次へと替え歌をつくる姿がみられた。

事例8の《あぶくたった》のもとの歌詞にも生活の所作が数々登場するが、それを今の子どもたちは「バラ風呂入っていい湯かげん」や「ラーメン食べてつるつるつる」など、自分の好きな食べ物や生活の中でのお気に入りの場面を取り入れて歌詞をつくりかえていた。当然のことながら、歌詞の変化に伴って動きも新しくつくりかえられる。《あぶくたった》では歌に合わせてラーメンをつるつるとすくって食べる仕草を表現したり、湯船につかって気持ちのいい表情をしたりする。子どもたちは《あぶくたった》を歌いながら役になりきって声色や表情を変えるようになる、すなわち子どもたちの演じる世界がそこに表れるようになったのである。

事例10の《らかんさん》では「らかんさんって何?」という疑問から、らかん像の写真をみんなで鑑賞する。らかんさんが当時の人々の生活が反映された石像であることを知ると同時に、まるまると太ったらかんさんの写真をみて「うちのパパみたいや」と親近感をもつ。遠い昔の見知らぬ出来事としてとらえるのではなく、今の自分と接点をもたせて「らかんさん」をとらえる子どもたち。そしてその思いは次第に今を生きる自分にとってのらかん像へとつながっていく。毎日家族のために料理をつくってくれるお母さんを思い出し、料理をつくる行程をリズムにのせて動作化する。言葉とともに動きも新しくつくり変えられる。

事例16の《はないちもんめ》は友だちと向かい合い、問答をして遊ぶわらべうたである。大阪の子どもたちが新しくつくり出した《はないちもんめ》には、大阪で暮らす子どもが垣間見た数々の問答が登場している。例えば今、社会問題ともなっている「振り込め詐欺」でのやりとりが替え歌になって登場する。ある意味、今の時代を映し出す象徴的な問答である。また商人の街、大阪で暮らす子どもの商売っ気あふれる問答も登場する。「もうちょっと負けて〜」と値切る子どもと「一円やったらええよ」とからかう本屋の店主のやりとりが続き、問答の最後には子どもが「なんでやねん」とツッコミを入れて歌が終わる。このように大阪で暮らす子どもたちが見聞きした現実が、現代版《はないちもんめ》に登場することとなる。

このようにわらべうた実践では素材としての言葉や動きをつくりかえるところに創造性がみられる。つくり変えられたものには、今を生きる子どものリアリティあふれる生活が数々登場する。自分の好きな食べ物やお気に入りの場所、大好きなお母さんの話、あるいは大阪ならではの滑稽なやりとり。遠い昔のらかんさんでさえ、今の子どもの手にかかれば身近な家族像へとつくり変わるのである。

②「つくりかえること」を可能にしているもの

子どもたちはわらべうたで遊ぶ中で、なぜこのように自由自在に歌詞や動きを変えていくことができるのか。それは、子どもたち自身がわらべうたのもっている形や仕組みをつかんでいるからである。

事例16の《はないちもんめ》の実践では遊びの延長であるかのように遊び仲間と替え歌づくりを楽しんでいた。子どもたちはある日常場面のやりとりを設定し、それを《はないちもんめ》の音階にうまくあてはまるように調整しながらふしづくりを行っていたという。このように、困難なく替え歌づくりができたのは、子どもたちの中に、《はないちもんめ》の構成音が自然と入っていたためであろう。それは、日本語を日常で話しているからである。

《あぶくたった》や《はないちもんめ》では「問答」という形式にのせて遊びや歌が展開されていく。子どもたちは友だちを遊びに誘うとき「○○ちゃん、あそぼ」「いいよ」というやりとりをする。子どもたちにとって「問答」は日常生活にありふれた光景であり、常に家族や友だちとかかわる中で経験してきた形式なのである。

一方《たけのこめだした》では「たけのこめだした　花咲きゃひらいた　はさみでちょんぎるぞ」とたけのこが芽を出して、花を咲かせ、それを摘み取る、という順序が「反復」という形式にのせて表現されている。事例9に出てくる子どもたちは、理科の授業でほうせんかの観察をし、《たけのこめだした》のふしにのせて「ほうせんか種植えた　芽が出て葉が出た　どんどん大きくなったよ　つぼみが出て花さいた」という新しい歌をつくった。「反復」という形式は子どもたちを取り巻く生活や自然の現象の中に潜んでいる形式であり、《たけのこめだした》というわらべうたのもつ形式と一致したため、難なく新しい歌をつくることができたといえる。

このようにわらべうた実践では、わらべうたのふしに自分の生活経験を反映させて歌をつくりかえる姿に創造性が発揮される。新しくつくりかえられた言葉や動きには今を生きる子どもの生活が生き生きと登場することとなり、生活感情の表現としての音楽表現が生まれる。

子どもたちがわらべうたの素材を自在につくりかえることができるのは、わらべうたがもともともっている形、すなわち音階や反復、問答などについて、生活の中で経験しているためである。それらは外から与えられて修練して身に付けたものではなく、日本という風土で生活する中で、日本語で話すことによって自ずと身に付いてきたものである。それがわらべうたという素材と出会ったことにより発揮されたと言える。

(2) わらべうたの音楽をつくりかえる子どもたち

つぎに音楽をつくりかえていく姿に着目し、そこでの創造性の表われ方をみていく。

① 日本の伝統音楽の手法や演奏法が登場するということ

わらべうたにリズム伴奏をつけたり、前奏を工夫したりする活動の中で、子どもたちは日本の伝統音楽にみられる手法や音色を自ずと選択していくという姿が幾度となくみられた。

事例12の《一羽のからす》では「ターンタタン（あ、ソレッ）ターンタタン（あ、ヨイッショ）」と、リズム打ちをする中でとても調子よく合いの手を入れる子どもが出始める。さらに合いの手を入れるだけでなく、足をけり上げてみたり、弾んでみたりするなど、全身でそのリズムにのる姿があった。これらの「合いの手」や「掛け声」は授業者が「合いの手を入れてみよう」と促したのではなく、子どもたちから即興的に入り込んできたものである。

その後の楽器選びの場面ではボンゴなどの西洋楽器よりも、うちわ太鼓や鉦、ぼうざさらなどの和楽器を組み合わせるグループが多くみられた。さらにうちわ太鼓の「ポンッ」という乾いた響きから発想を得たのか、歌の始まりの部分に「よーお」「ポン（うちわ太鼓）」と掛け声を入れるグループもあった。これは能などの囃子方が鼓を打つときの所作に通じるものである。うちわ太鼓の乾いた響きが、子どもの中に潜在的にあった日本の伝統音楽に通じる演奏法を引き出したと言える。

事例11の《なべなべそこぬけ》の箏による前奏づくりでは、「タン・タン・タンタンタタタ……」とだんだん速く掻き鳴らす姿がみられたという。これは歌舞伎などの日本伝統音楽によく使われている漸次加速のリズムである。

わらべうたに伴奏や前奏をつけていく過程においてもこのように子どもが創造性を発揮する姿がみられた。おそらく西洋の遊び歌を素材とした場合の伴奏づくりでは出てこないであろう、「合いの手」「掛け声」「漸次加速のリズム」「うちわ太鼓の音色」などを自然に取り入れていく姿がそこにはあった。

②「つくりかえること」を可能にしているもの

ではなぜ子どもたちはこのように自在に音楽をつくりかえていくことができるのか。《一羽のからす》のリズムは縄とびの上下に跳ねる力強い動きに伴い、「はねるリズム」になっている。リズム伴奏づくりではそうした力強い動きを想起するかのように「あ、ヨイッショ」という合いの手が入り始める。つまり《一羽のからす》というわらべうたのもつ特性とは、縄とび遊びにみられる跳躍運動からくるリズムをもっている点にある。そしてその躍動感が子どもたちの歌を通して表現されることによって、景気よく人を囃し立てる「合いの手」という手法を自然と導き出したといえる。

《なべなべそこぬけ》の前奏づくりでは「遊んでて飽きたから別の遊びにいこうとする」様子を表現するために、漸次加速のリズムを取り入れている。つまり遊びの「区切り」を表現するために日本の伝統音楽によくみられる漸次加速のリズムを使ったとみられる。子どもたちは「漸次加速のリズム」という概念を知っていたわけではない。ものに区切りをつけるときに相応しいリズムとして、生活の中で耳にしたことのある「漸次加速のリズム」を選択したのである。それは日本という風土で暮らす中で、そのリズムが囃される状況も伴って知り得た手法や語法なのである。

「合いの手」や「漸次加速のリズム」など子どもたちが活用した手法は外から与えられたものではない。それらは日本で暮らす子どもならば生活のどこかで耳にした経験のある手法なのである。しかしながら、それらは普段の生活では意識されることはない。ところが、わらべうたで遊び、わらべうたのリズムを奏する中で、表現意図にふさわしいリズムや音色としてそれらが想起され選択されることとなる。

このように、子どもたちはわらべうたの音楽に、自らの生活経験の中から自分が表現したいイメージや感情にふさわしい手法を引き出し、使うことができている。結果的に日本の伝統音楽の構成要素や形式や手法を使った新しい音楽表現が生まれることとなる。

(3) わらべうた実践にみる創造性とは何か

わらべうた実践においてみられる創造性とはどのようなものか。それは、日本で暮らし日本語を母語とする子どもたちが、わらべうたをつくりかえる過程で、自分たちのイメージや感情を表現するために、自分たちの生活に根ざした構成要素や形式や手法を使って音楽表現を生み出すということである。

3 遊びから芸術・文化の学習へつなぐわらべうた

二一世紀のわらべうた教育は、子どもの生命力喚起のために、わらべうたを「楽曲」としてではなく「遊び」としてとらえる立場をとっている。それは遊びのエネルギーを保持して学習へと展開させていくという意味合いをもつ。子どもたちは自分たちの遊びをどのように学習へとつないでいったのか、その姿に着目する。

(1) 遊びの成功を目指す姿にみる学びの筋道

① 遊びの変化にみる学習への第一歩

友だちとうまくお手合わせが合うようになったり、動きが滑らかになって遊びが成功したりするようになると、子どもは次なる欲求として遊びを変化させたいと思うようになる。この「遊びを変化させる」という点に遊びが学習へと踏み出す第一歩をみることができる。

《なべなべそこぬけ》では二人組で手をつなぎ「なべなべそこぬけ」と歌いながらクルッと回る。人数を増やして遊ぶ場合は、どこをくぐり抜けるか意思疎通を図り、離れ離れにならないよう、手をしっかりつないでくぐる必要がある。事例14では、最後には「クラス全員でチャレンジしたい！」という声があがり、それに挑戦する姿がみられた。「大人数の輪くぐりを成功させるためにはどうしたらよいのか」それを考え始める時点で学習の一歩を踏み出している。

② 遊びを構成している論理の発見＝学習

「遊びを成功させるためにはどうしたらよいか」という次なる場面で学習が入り込むこととなる。先ほどの《なべなべそこぬけ》の場合、列がちぎれないよう輪くぐりを成功させるためには、最後のひとりがくぐり終わるまでみんなで「かえりま〜」のところをしっかりのばすという約束事が確認された。そして、その部分だけ「ま〜」と伸びるのは、自分たちがよく知っている等間隔の拍ではなく、「伸びる拍」であるということを学習したのである。

事例13の《十五夜さんのもちつき》では、拍を意識することによって、もちつきの返し手とつき手がぴったり合うことに気づく。友だちの手を挟んでしまわないためには、お互いが拍を共有して手を打てばよいことに気づく。

このように遊びを成功させるためには何が必要なのか、仲間同士で確認する中で、遊びを構成している論理を発見するようになる。大人数による《なべなべそこぬけ》の輪くぐりを成功させるためには、《なべなべ》の動きに合わせて拍を伸ばすことが必要なのではないかと気づきはじめる。そしてそれは音楽を形づくっている要素の中でも「伸びる拍」を意識すればよいということがわかる。あるいはもちつきのお手合わせを成功させるためには、お互い拍を意識して身体を動かせばよいことに気づく。子どもたちの「遊びを成功させたい」という欲求は、等間隔の拍や伸びる拍などへの気づきを促し、それらを意識することがすなわち、学びの成立であるといえる。音楽における多様な拍について知覚・感受し、それを意識して自らの身体をコントロールし、拍を刻む技能を身に付けていく。このように遊びを構成している論理を発見することで、音楽科としての学力も同時に育つといえる。

③　学習による経験の変化

学習が行われることによって子どもたちは満足感や達成感を得ることとなる。事例14では「伸びる拍」について学習をし、それを意識してもう一度クラス全員で輪くぐりに挑戦してみる。その結果、最後のひとりがくぐり終わるまでしっかりと声をそろえて「かえりま～」と伸ばし、くぐり抜けた瞬間に「しょ」と声がそろったときは、みんなで協力して輪くぐりが成功したという達成感に満ち溢れたものとなった。

また事例13の《十五夜さんのもちつき》では、もちつき遊びの動作にある「拍」の存在を意識する。するとそのあとの遊びではより躍動感ある、そして秩序ある動きをするようになる。自分の体がうまくコントロールできるようになったため、もっとたくさんの友だちと遊んでみたい、もっと速く歌ってみたい、という次なる欲求がわいてくるのである。そして多くの友だちを誘ってさらに遊びを拡げていく。

このように遊びの変化に伴う拍の存在について学習したことによって、その後の遊びの質が変化したといえる。人とのかかわりの中で遊びが成功したときの達成感や満足感、あるいはさらに遊びの仲間を増やし世界を広げていくという意欲。学習によって、子どもたちは人とかかわることの楽しさを実感し、さらなる意欲へとつなげていくエネルギーを獲得することができたといえよう。

(2)　わらべうたをつくりかえる姿にみる学びの筋道

①　わらべうたを変化させる

先の事例では、遊びを変化させる姿に遊びが学習へと踏み出す第一歩をみた。遊びを変化させる以外にも、わらべうたの歌そのものを少し変えることによって、学習への第一歩を踏み出している例もある。

事例17の《ちゃつぼ》では、「ちゃちゃつぼちゃつぼ」という手遊びに慣れた頃に「ちゃ、ちゃ、ちゃ」と合いの手を入れたり、「ちゃつぼ……ちゃつぼ……」とオスティナートを入れ始めたりする。その様子はまるで友だちの声に合いの手を入れて遊んでいるかのようであった。事例15の《大波小波》では、最初は普通に演奏していたが、少しずらして演奏をしてみる。すると今までいっしょに箏を奏でていたときとは違う響きがそこに生み出されたのである。

いずれにおいても、学習へと転換していく出発点は遊びを少し変えてみようとする行為である。友だちの声に「ちゃ、ちゃ、ちゃ」と自分の声を重ねてみたり、友だちの箏の演奏に少しずらして自分の演奏を重ねてみたりする。遊びから学習へと踏み出す第一歩は、大きな一歩である必要はない。遊びの延長であるかのごとく、もとからある遊びを少し変形させるだけでよい。遊びという対象を少し変えることによって、そこにはそれまでになかった響きや重なりが生み出されることとなる。そしてそれに気づくことが学習となる。

② 変化を構成している論理の発見＝学習

わらべうたの歌そのものを少し変えてみる。そしてその変化を意味あるものとして捉え直すことがすなわち学習となる。

事例17の《ちゃつぼ》では「ちゃ、ちゃ、ちゃ」と合いの手を入れるなど、さまざまに声を重ねて歌を歌ってみた。そしてその声を録音したものを一度自分たちで聴いてみる。すると「みんなの声が連結されておもしろい」などの意見が出る。

一方、事例15の《大波小波》では試みに少しずらして箏の演奏をやってみる。それを聴いたある子どもは「次から次へと波が押し寄せるみたい」と答え、その新鮮な響きに目新しさを感じるようになった。

このように「変えたことによって何がどう変わったのか」という変化によって生み出された世界に目を向けることによって、変えるという行為を構成している論理を発見するようになる。カノンに対して「波が次から次へとおしよせるみたい」と感じたり、オスティナートに不思議さを感じたりする。それはもはや遊びの一端ではなく、ひとつの意味をもった音の響きとしてとらえられるのである。

遊びの中ではものやひととかかわりさまざまな相互作用が行われる。遊びに没頭した経験の後、改めて意味をもったものとして遊びをとらえなおす。そして声の重なりにおもしろさを感じたり、ずらした箏の響きに波の美しさを感じたりする。すなわちそれが学習なのである。声の重なりやカノンについて知覚・感受し、さらにそれらを活用して表現を形づくっていく。すなわち変化を構成している論理を発見することで、音楽科としての学力が育つといえる。

③ 学習による経験の変化

変化を生み出している論理が理解できるようになると、つぎにそれを自分で使いこなせるようになり、遊びは人に伝わる表現へと発展する。

事例17の《ちゃつぼ》では声を重ねることで不思議な感じが出たり、オスティナートによって連続的な動きが出ることに気づく。さらにさまざまな言葉を用いて別のオスティナートを重ねてみたり、高さの違う声を重ねてみたりする。そして「ちゃつぼの声のアンサンブル」という表現作品が完成していく。

事例15の《大波小波》でも同様にカノンとして重ねることのおもしろさに気づき、グループごとにさまざまな重ね方を試してみるようになる。ゆったりとした大きい波がくる様子を表現するために少し間隔をあけて二拍ずらして重ねる班もあれば、次から次へと波がくる様子を表現するために一拍ずらして重ねる班も出てくる。ずらして重ねるという手法とその結果、音の響きがどう変化するかという、手段と結果を結び付けて思考することができているからこそ、このような表現の工夫が自在に行われるのである。

作品発表の場面では、遊びの時点ではみられなかった、全く新しい響きがそこには生み出されていたのである。そこで用いられる手法と結果としての響きを結び付けるという学習によって、そのような創意工夫に満ちた表現が生み出されたといえる。

(3) 遊びから学習へつなぐ筋道

わらべうたを学習へとつないでいくために、外から新規な材料を提供する必要は全くない。「遊びを変えたい」「少し難しい遊びに挑戦したい」という子ども自身に芽生えた欲求や「わらべうたの歌を少し変えてみよう」という外的世界を変えていこうとする意欲が、学習へと踏み出す第一歩となる。

「遊びを成功させるためには何が必要か」あるいは「歌を変えるとどうなったのか」と自らの遊びや行為を一旦振り返る場面で学習が成立する。遊びの変化に伴う「伸びる拍」について学習をしたり、声の重なりが生み出す不思議な響きを感じ取ったりする。遊びや行為を一旦振り返り、それらを意味あるものとしてとらえ直すことによって学習が成立し、さらに「こうしたらこうなる」という関係を学ぶことによって認識の枠組みが広がるのである。

学習を経ることによって経験の質も変化する。再び大人数での輪くぐりに挑戦をする場面ではより「伸びる拍」を意識するようになり、その結果輪くぐりが成功したときには、やり遂げた満足感で満たされる。あるいは音を重ねるという手法とその結果どういう響きが生み出されるかという関係を学習した後は、それらを活用して自分で重ね方をアレンジして複雑な表現を構成していく。

このように遊びから学習へつなぐ筋道とは、子ども自身が自分の内に芽生えた欲求を満たしていく過程と一致する。「遊びをむずかしくしたい」「成功させたい」という欲求を満たすために、そこに必要とされる論理をひも解いていく、その過程で学習が入り込み、最終的にはひとつの満たされた経験が実現する。ただそこで完結するのではなく、さらに難しい遊びへと挑戦するなど、次への意欲へと循環していくのである。わらべうたの遊びのエネルギーは学習へと発展してもなおも持続し、次なる学習を支えるエネルギーへとつづいていくのである。

おわりに

私たちがわらべうたに注目したのは、子どもたちに伝統音楽の教育をという主張からであった。わらべうたを学校でやってみると、そこでの子どもたちのエネルギーに圧倒された。しかし、高学年の子どもがやるだろうか、中学生がやるだろうか。半信半疑で高校生までやってみた。そうしたら中学生でも高校生でも小学生と同じような姿をみせたのだった。それは実践者自身にとっても驚きであった。

学校にわらべうたを導入したことでみえてきた子どもの姿は、これまでに西洋音楽中心につくられてきた学校音楽教育システムに変革をせまるものであった。と同時に、子どもの衝動性を遊びの形式を通路として表現活動までに昇華させることができると確信させるものであった。わらべうた教育を学校で実践することは、人間形成にかかわる営みであり、芸術文化の継承と創造につながる営みであることを再確認できた。

著者である関西音楽教育実践学研究会は、今から一五年ほど前、大阪教育大学天王寺キャンパスの夜間の実践学校教育講座に大学院が創設されたことをきっかけとして生まれた。この大学院は関西の現職教員の実践研究の場であり、熱意にあふれた現職院生たちが集まった。そこに柏原キャンパスの昼間の院生たちも参加するようになった。そして院修了後も実践研究を続ける場がほしいという声が出て、毎週一回勤務を終えた夜に研究会を行うようになった。それが徐々に広がり、現在は月一回集まりをもっている。勉強したい人ならだれでも参加できるというようにオープンな形にしており、現在五〇名ほどの登録がある。自分自身の授業案の相談あり、こころして行った実践研究の発表あり、現役院生の理論的な発表あり、さまざまな関心でメンバーそれぞれの参加の仕方をしている。また、年間を通してテーマを設定し、それに基づく実践発表を重ね、年度末には総括の発表会を催している。このわらべうた教育の実践研究は平成二一年度のテーマであった。

学校にわらべうたを導入するとはある意味挑戦的な試みといえよう。それだけにまだまだこれから検証を重ねていく必要がある。読まれた方々のご意見ご批判いただければ幸いである。

今回、この実践研究が一つのかたちになり世に出ることとなったのは、研究会に足を運んで建設的な意見を出し合ってくださったすべてのメンバーのおかげである。その中で、今回の執筆者たちもわらべうたの新しい実践を試みることができたのだと思う。実践は言葉で尽くしきれるものではないことから、授業の風景をＤＶＤに収めて付けることにした。このことが可能になったのも当該学校関係者や子どもたちのご理解、ご協力あってのことである。また、世話人として会の運営に尽力されている斉藤百合子氏には、本書およびＤＶＤの編集に多大な貢献をいただいた。こころより感謝したい。

私は、この研究会は日本の音楽教育を子どもたちの立場に立ったものへと動かしていくマグマのようなものだと感じている。天王寺から全国へわらべうた教育が広がっていくことを願う。最後になるが、このたびの出版にあたっては、黎明書房の武馬久仁裕社長に大変なご厚意を賜った。深く感謝申し上げたい。

二〇一〇年八月

小島律子

DVD内容一覧

実践名	場面
1 《らかんさん》幼稚園年長児の親子交流	・親子二人組で遊ぶ ・全員で遊ぶ
2 《いもむしごろごろ》小学一年生	・《いもむしごろごろ》で遊ぶ ・速さのちがいの比較聴取 ・動きの発表とその後の交流
3 《大波小波》中学一年生	・《大波小波》で遊ぶ ・班ごとになわとびに挑戦
5 《ひとやまこえて》幼小交流（小学六年生）	・六年生と幼児との一回目の交流 ・歌に出てくる問答を意識する ・六年生と幼児との二回目の交流
8 《あぶくたった》小学二年生	・いろいろなわらべうたで遊ぶ ・《あぶくたった》で遊ぶ ・自分たちのつくった《あぶくたった》の発表
9 《たけのこめだした》小学三年生	・理科の授業でのほうせんかの観察 ・《たけのこめだした》で遊ぶ ・「きらきらほうせんか」グループの発表とその後の交流
10 《らかんさん》小学三年生	・らかんさんの写真をみる ・自分たちで考えた「らかんさん」の絵をかく ・グループで動作を考える ・自分たちのつくった「らかんさん」の発表
11 《なべなべそこぬけ》小学四年生	・《なべなべそこぬけ》の旋律を箏で弾く ・三人組で前奏を考える ・前奏を工夫した《なべなべそこぬけ》の発表

12	《一羽のからす》小学五年生	・運動場でなわとび遊びをする ・リズム伴奏を考える ・リズム奏で使う楽器を選ぶ ・中間発表とその後の発言 ・グループで練習する ・グループ発表
13	《十五夜さんのもちつき》小学三年生	・《十五夜さんのもちつき》の遊び方を教える ・二人組で遊ぶ ・拍について確認する ・二人組で発表する
15	《大波小波》小学三年生	・《大波小波》の旋律を箏で弾く ・二種類の重ね方の比較聴取とその後の発言 ・グループ発表
16	《はないちもんめ》小学六年生	・《はないちもんめ》で遊ぶ ・各地のはないちもんめを紹介する ・つくったかえうたで遊ぶ ・音の高さを確かめる ・自分たちのつくった《はないちもんめ》の発表
17	《ちゃつぼ》中学一年生	・《ちゃつぼ》で遊ぶ ・《ちゃつぼ》で即興的な歌遊びをする ・グループで声のアンサンブルを考える ・自分たちのつくったアンサンブルの発表
18	《かごめかごめ》中学二年生	・《かごめかごめ》で遊ぶ ・遊びの様子をビデオで視聴し、気づいたことを交流 ・自分たちのつくったアンサンブルの発表
19	《もぐらどん》高校一年生	・自分たちのつくった《もぐらどん》の発表

執筆者一覧（所属は初版刊行時のものです。）

井上　薫（藤井寺市立道明寺東小学校）第2章5

衛藤晶子（大阪市立阪南小学校）第2章11、12

小川由美（大阪教育大学附属平野小学校）第2章2

楠井晴子（東大阪市立成和小学校）第2章16

小島律子（大阪教育大学）第1章1～6

小林佐知子（大阪教育大学附属天王寺小学校）第2章10

斉藤百合子（京都教育大学）第1章7、第3章1～3

坂本暁美（畿央大学）第2章7

清水美穂（吉野川市立牛島小学校）第2章6

高田奈津子（京都府立洛北高等学校）第2章19

竹内悦子（寝屋川市立和光小学校）第2章4

椿本恵子（大阪教育大学附属平野小学校）第2章15

西沢久実（神戸市立広陵小学校）第2章14

土師尚美（大阪教育大学附属池田小学校）第2章13

廣津友香（奈良女子大学附属小学校）第2章8

松宮陽子（西宮市立甲東小学校）第2章9

矢部朋子（岡山市立妹尾幼稚園）第2章1

山本真弓（河内長野市立長野中学校）第2章3

横山真理（関市立富野中学校）第2章17、18

著者紹介

小島律子

大阪教育大学教授，博士（教育学），日本学校音楽教育実践学会代表
名古屋大学大学院教育学研究科博士課程単位取得退学
専門　音楽教育学，特に表現教育論，音楽科の授業論
主な著書
『子どもの音の世界—楽譜のない自由な「曲づくり」から始まる音楽教育』（共著，黎明書房），『構成活動を中心とした音楽授業による児童の音楽的発達の考察』（単著，風間書房），『総合的な学習と音楽表現』（共著，黎明書房），『音楽による表現の教育』（共編著，晃洋書房），『日本伝統音楽の授業をデザインする』（監修，暁教育図書）。
学術論文
「戦後日本の『音楽づくり』にみられる学力観—『構成的音楽表現』からの問い直し—」『学校音楽教育研究』（日本学校音楽教育実践学会紀要第9巻），「知性と感性を統合する教育方法としての『オキュペーション』概念—イマジネーションに注目して—」日本デューイ学会紀要第46号）。
その他
「中学校学習指導要領（音楽）の改善に関する調査研究協力者」「高等学校学習指導要領（芸術・音楽）の改善に関する調査研究協力者」「評価規準，評価方法等の研究開発のための協力者」。

関西音楽教育実践学研究会

大阪教育大学天王寺キャンパスの大学院実践学校教育専攻の小島律子研究室の自主ゼミを出発としている。現在は，意欲ある現職教員の実践研究の場として月1回，オープンな自主ゼミの形で運営されている。登録者は，幼稚園，小・中・高等学校，特別支援学校，大学の教師，院生など数十名。個人の実践研究と並行して，年間テーマを立てて体系的な実践研究を行っている。平成18年度「シルバーバーデット“Music”を今，問い直す」，平成19年度「MMCPの実践と課題」，平成20年度「学力育成を実現する日本伝統音楽の授業」，平成21年度「学校におけるわらべうた教育の創造」。

学校《がっこう》における「わらべうた」教育《きょういく》の再創造《さいそうぞう》

2010年9月15日　初版発行

著　者　小島律子《こじまりつこ》
　　　　関西音楽教育実践学研究会《かんさいおんがくきょういくじっせんがくけんきゅうかい》
発行者　武馬久仁裕
印　刷　藤原印刷株式会社
製　本　株式会社渋谷文泉閣

発行所　株式会社　黎明書房《れいめいしょぼう》
〒460-0002 名古屋市中区丸の内3-6-27　EBSビル
☎052-962-3045 FAX052-951-9065 振替・00880-1-59001
〒101-0051 東京連絡所・千代田区神田神保町1-32-2
南部ビル302号　☎03-3268-3470

落丁・乱丁本はお取替します。　ISBN978-4-654-01847-5
© R. Kojima & Kansai Society for the Study on Music Educational Practice
2010, Printed in Japan

西園芳信・小島律子著　　A５判　148頁　1700円

総合的な学習と音楽表現

総合的な学習の時間に，音楽表現をどのように組み入れていけばよいのかを，表現の原理から解明する。「教科」と「総合」の関連を明確にしながら詳述。

山崎治美著　　B５判　100頁　2200円

山崎治美の楽しいわらべうたあそび集

楽しさ伝わる著者の歌声CD付き　わらべうた・あそびうたが，著者によってさらに楽しいあそびになりました。全29曲の歌唱CD付き。

山崎治美著　　B５判　94頁　1500円

山崎治美の楽しい遊びうたゲーム集

大人と子どもが一緒に楽しめる遊び歌や，わらべ歌の遊び方を，イラストで紹介。『つどいと仲間づくりの遊びうたゲーム集』精選・改題。

山崎治美著　　B５判　94頁　1500円

山崎治美の楽しいリズムゲーム集

歌いながら，みんなで楽しく遊べるゲーム39種類を，詳しいイラスト付きで紹介。『つどいと仲間づくりのリズムゲーム集』精選・改題。

有木昭久著　　B５判　114頁　1500円

子どもの喜ぶ伝承集団ゲーム集

「あんたがたどこさ」「花いちもんめ」「ことしのぼたん」など，47種の伝承あそびを完全図解。『つどいと仲間づくりの伝承・創作集団ゲーム集』新装・分冊。

金子直由・溝口洋子・北村京子著　　B５判　92頁　2400円

肢体不自由のある子の楽しいイキイキたいそう〔CD付〕

無理ぜす楽しく体を動かせる，園や学校で大好評の「イキイキたいそう」を紹介。体の動かし方，援助の仕方をイラストで解説。歌と伴奏の音楽CD（全32曲）付。

小川信夫・滝井純監修　日本児童劇作の会編著　　B５判　224～230頁　各2900円

小学校全員参加の楽しい学級劇・学年劇脚本集〔全３巻〕

低学年・中学年・高学年　劇遊び，音楽劇，英語劇，人形劇等，多様な表現形式で構成した全員が参加できるオリジナル劇を収録。全編新作書き下ろし。

表示価格はすべて本体価格です。別途消費税がかかります。